顕現しないものの現象学

生命・文字・想像界

永井 晋

Nagai Shin

ぷねうま舎

写真＝永井　晋
装丁＝BowWow 矢部竜二

顕現しないものの現象学 ✣ 目次

第二章　生命と文字──063

終章 生命と否定——161

序論　事象そのもの

現象学は「事象そのもの」に回帰することです。ここで「事象そのもの」とは、さしあたり知覚された世界を指しますが、その本質的な特徴は、そこでものがありありと（leibhaft）、骨肉を備えて、生身で（en chair et en os）与えられ、現れていることです。現象学がそれに対して登場したデカルト以来の近代の形而上学は、主観が観念を媒介とし、客観的な世界を対象として構成し尽くすことをその理念としましたが、そのような思考は、ありありと知覚された世界全体を前提にしながらそれを飛び越え、忘却してきたのです。現象学は、このような客観的な対象世界の手前で私が、実際に、ありありと体験している主観的な現れの世界を、現象学的還元というある退歩によってその忘却から取り戻そうとする試みです。ここで問題になるのは、この退歩がどこまで退くのかということです。

知覚において、「事象そのもの」は「私が実際に知覚している」と「ありありと与えられている」という二つの契機から形成されていますが、それらがそれぞれどのような事態であり、どのように関わり合っているのかが問題になります。別の言い方をすれば、この知覚世界では、何かが現れる際にそれ自体が自ずから与えられますが――フッサールはこれを「自体／自己贈与」（Selbst-gegebenheit, auto-donation）と呼びます――、この「自己」と「贈与」がそれぞれ何を意味しているのかが問題なのです。

しかし、「それ自体が自ずから与えられる」と言っても、知覚される際にも、ものは何か「として」現れる限り、厳密には全く無媒介ではありえません。概念のような外的な媒介ではないにしても、「現れるもの」（何が現れるか）とその「現れ」（それが私にどのように現れるか）との間が何らかの仕方で二重化され、媒介されて現れているはずです。この事態は、目の前に現れている世界が、外的な媒介によってではなく自ずから顕わになっているという意味で「自己媒介」あるいは「自己差異化」と言うことができるでしょう。言い換えれば、それ自体がありありと見える世界の現れは、それ自体は見えない空虚な地平の隠れによって二重化されているのです。この媒介はまた、知覚された世界そのものをその内側から現れさせるという意味で、「内的媒介」と言うこともできますが、この「内」の意味が問題になります。

だとすると、知覚という「事象そのもの」は、それ自身の中にある種の否定を含んでおり、それを媒介とすることで「何か」として現れるわけです。それは、フッサールの分析に従えば、「それ自体はまだ何ものの現れでもない、主観的に与えられているもの」（それが世界をありありと現れさせている「事象そのもの」です）が、それとは異なる、あるいはその背後に隠れている客観的な「何か」へいったん送り返される（否定される）ことで、そこから、この「客観的なものの現れ」として初めて意味づけられることです。

このように、知覚における「事象そのもの」、すなわち世界の「ありありとした」現れは自己否定を介しており、従ってある矛盾からなっています。それゆえ、それは厳密に考えれば、真に「自己贈与」とは言えません。

そうすると、「事象そのもの」という時、そこには二つの意味があることになります。一方が、何かとして限定されながら、しかも（あるいはそれゆえに）ありありと与えられている（隠れつつ現れている）こと（フッサールはこの矛盾を「射影」〔Abschattung〕と呼びます）だとすれば、他方は、まさにそれ自体が、何ものにも媒介される（条件づけられる）ことなく、無限定に与えられていることです。この後者の意味の「事象そのもの」をフッサールは否定するでしょう。彼にとって射影こそ「事象そのもの」の原構造であり、射影しない（つまり否定・矛盾を通さない）現象はありえないからです。しかし、もしそれが可能だとすれば、「事象そのもの」は知覚されるものではなく、むしろ知覚には決して与えられることはないが、しかしそれに固有の仕方で現れる「実在そのもの」を意味することになります。そしてこの「実在そのもの」としての「事象そのもの」は、現象学に新たな形而上学への道を開くでしょう。それが「顕現しない（目立たない）ものの現象学」（Phänomenologie des Unscheinbaren ; Phénoménologie de l'inapparent）なのです。以下で、これら二つの「事象そのもの」を使い分けていきます。一つは「知覚としての事象そのもの」であり、それは地平的な否定を介した「矛盾」によって現れます。もう一つは「実在そのものとしての事象そのもの」であり、それは地平的な否定を含まない垂直の「逆説」として現れます。

現象学の核心である「事象そのもの」の二義を確認しておいて、ここからフッサールの現象学の根本主題を見直してみましょう。知覚を「事象そのもの」として現れさせる「内的－自己媒介」、あるいは「差異」や「否定」と言ってもいいですが、それをフッサールは「志向性」と名づけ、一貫してそれを現象学の中心概念として練り上げました。志向性はこのようにして、知覚としての「事象そのもの」の中に構造的に組み込まれています。

しかし、「顕現しないものの現象学」から見れば、それが、真の意味での（つまり「実在そのもの」としての）「事象そのもの」に対して二次的な契機であり、しかもそれが「実在そのもの」を忘却させた当のものであることに注意せねばなりません。したがって、これを排除しなければ「実在そのもの」としての「事象そのもの」に接近することはできないでしょう。そのための唯一の手段は現象学的還元を深めることです。

ところで、志向性の有名な定義は「意識は常に何ものかについての意識である」というものですが、これはまさに志向性のこの内的な媒介機能を表しています。すなわち、ここで「何ものか」とは統一的で客観的な「現れるもの」であり、それに「ついての」意識というのは、その客観的な現れるものが初めから「主観的に」、つまり「私に」現れていることだけを意味しています。それは、対象と意識（現れるものとその私への現れ）が初めから結びついて（フッサールの言い方では「アプリオリに相関して」）知覚としての「事象そのもの」を現れさせているという根源的な事態を表しているのです。「何かが知覚に現れている」というただ一つの事態を、主観と客観という通常は（現象学的に言えば「自然的態度」においては）対立し合う二つの極がその相関性において構造化しているという点で、知覚の意味での「事象そのもの」は、先に言ったように、ある「矛盾」あるいは「ねじれ」からなると言うことができます。つまり、志向性の本質はこの「事象そのもの」の「矛盾」なのです。「客観的統一」を「主観的多様」として見る、あるいは「見えないもの」を「見えるもの」において見るという「矛盾」こそがフッサールにとっての「事象そのもの」であり、そして、「事象そのもの」を特徴づける知覚世界のありありとした現前は、この矛盾のひとつの表現に過ぎません。本来、そこに意識の志向性が入る余地はないのです。

　ところで、知覚の「事象そのもの」を構成するこの矛盾は、まさに対象を現れさせるその働きによって、「実在そのもの」という深い意味での「事象そのもの」を隠蔽し、それがそれ自体として現れることを妨げます。それにもかかわらず、この矛盾に解消されない「実在そのもの」は、矛盾ではなく逆説として、目立たない仕方で現れます。このように、「顕現しないものの現象学」は、知覚の「事象そのもの」の矛盾を、「実在そのもの」の逆説にまで還元することに他なりません。あるいは、この逆説を、仏教で「一即多」という時の「即」と呼ぶこともできるでしょう。

　この点をさらに明らかにするために、フッサールの意識分析に即して、「事象そのもの」に帰るとはどういうことか、志向性はどのようにして「事象そのもの」を隠蔽してしまうのか、そして「事象そのもの」をそこから救い出し、それにふさわしい現象学に引き渡すにはどうしたらいいのかを考えてみます。

知覚としての「事象そのもの」が「実在そのもの」としての「事象そのもの」に届かず、むしろそれを隠蔽してしまうのは、それがなお非現象学的な素朴な見方に囚われているからです。この素朴な見方は、近代の主観性の形而上学だけでなく、われわれの日常的な経験もすでに支配していますが、それは次のようなものです。

われわれがものを見る時、われわれの視線はまっすぐに「客観的な現れているもの」に向かっており、それを「何かとして」見ています。逆に言えば、客観的で統一的な「現れるもの」が「私に」対して「何かとして」現れています。そこで、客観に直線的に向かう志向的まなざしは、それが私のまなざしである限り、ある根源的な「主観的な次元」を通して客観を見ていますが、対象（現れるもの）に目を奪われてそれを忘却しています。つまり、その対象が私に現れていること、そしてそれがいかに現れているか、その「現れ方」は、「現れるもの」に向かう志向の影に構造的に隠蔽されるのです。

この忘却された「主観的な次元」は、それ自体としては「実在そのもの」としての「事象そのもの」の自己贈与であり、それにとって外的なもの（対象）は何も表しません。つまり、客観的な対象の現れ（ノエマ＝見られたもの）として意味づけられることはありません。したがってそれは厳密に言えば「主観的」ではありません。だとすると、フッサールがこの次元を「主観的」

と呼ぶ時、彼は非現象学的な先入見に囚われて、それに観念論の図式を押し付けていることになります。

この、まだ何の現れでもない次元が実際にどのように現れうるのか、なかなか考えにくいですが、ここではそれを仮に、フッサール自身の表現で「原ヒュレー」と呼んでおきます。そしてそれは、その中立性ゆえに、二重の方向に働く可能性を持っています。

それはまず地平方向で、客観的な対象（現れるもの）を表すものになりえます。その場合、それは、それ自体としては無限定ですが、客観的な「現れるもの」の主観的な「現れ」に限定されます。現象学的により正確にいうと、それは対象を現れさせる（構成する）ための「ヒュレー（素材）」の役割に切り詰められます。このヒュレーを志向性（ノエシス）が「統一的に把握」して、そこに対象がノエマ的意味として現れるのです。

原ヒュレーの持つもう一つの可能な、形而上学から見れば本来の機能は、垂直方向で、「実在そのもの」としての「事象そのもの」の直接的な、無媒介の現れとして働くことです。それにとって外的な地平（志向性）から解放された時、原ヒュレーは「実在そのもの」の現れとして、無限の潜在性の深みを顕わにします。それは本書で詳しく述べるように、存在や神、あるいは生命などと言われる形而上学的な次元です。

以上をまとめると、「顕現しないものの現象学」から見れば、現象学的還元にはさしあたり二つの段階があり、それに応じて「事象そのもの」もそれぞれ異なるものとして現れることになります。

最初の還元は、フッサールおよびメルロ＝ポンティなど、知覚に定位する現象学が行ったものであり、自然的態度から知覚世界（知覚としての「事象そのもの」）を救い出し、それを志向性によって構成されると考えるものです。そこでは概念的世界の影に隠れて忘れられていた生きられた知覚世界が主題化されます。

しかしそこで、「顕現しないものの現象学」からすれば、本来の「事象そのもの」にとっては異質な志向性（あるいは地平構造、否定性）をその世界を構成する本質的な契機として持ち込み、せっかく真の「事象そのもの」がいったん垣間見られたにも関わらず、それを「客観の主観的現れ」として改めて意味づけ、「実在そのもの」という真の意味での「事象そのもの」を見失ってしまったのです。

第一の還元によって知覚世界の「事象そのもの」を明るみに出しても、さらに執拗に忘却され続ける「事象そのもの」を救い出すのが次の、より深い段階の還元です。それは志向性を二次的なものとして排除、というより留保することで、客観に対する「主観的多様」へとすり替えられ、その内実を簒奪された真の「事象そのもの」を「実在そのもの」の現れとして救い出します。そこでは、この「主観的多様」とされたものは志向性によって「構成される」代わりに、そこにおいて「実在そのもの」が地平（志向性）を瞬間的に断ち切って自ずから現れてくる、いわば突破口となるのです。

では、この「実在そのものとしての事象そのもの」は、それ自身だけでどのようにして、そしてどのような現象として現れるでしょうか。それを明らかにするために、次にフッサールによる時間性の分析を参照します。


フッサールの分析の中で、「実在そのもの」としての「事象そのもの」の現れがその最も原初的な次元で扱われるのは時間の分析においてです。その時間分析の二つの形態を簡単に見ておきます。これらの分析は本書の全体を通じて参照される基本的なものです。

まず、一九〇五年の内的時間意識の分析では、現在の時間化（知覚の現れ）は原印象が絶えず流れ去ってゆく中で、過去把持と未来予持という二方向に働く受動的な志向性に媒介されて「何か」として現れるという構造を持つものとして記述されます。そこで、原印象は、一方ではあらゆる志向性に媒介されるに先立って、「それ自体で、自ずから」与えられるとされますが、他方で、それは単なる「限界理念」であり、実際には原印象は常に過去把持と連動して、つまり志向性に媒介されてのみ「何かとして」現れるとされています。ただし、これらのどちらが正解かというのではなく、フッサールはこれら二つの見方の間で揺れています。

前者の見方を採るなら、原印象は、先に述べたように、知覚における「事象そのもの」から「実在そのもの」としての「事象そのもの」に深まる通路となりえます。あるいはむしろ、原印象はこの真の「事象そのもの」の直接的な自己顕現ということになるでしょう。その場合、ものが直接現れうるのかという最初の問いが再び出てきますが、それは後で見ることにして、いずれにせよこの「事象そのもの」の深まりが「顕現しないもの」へと転回する現象学的還元となります。

一方、一九三〇年代に行われた「生き生きとした現在」の分析においては、この原印象が理論的な虚構として排除され、その代わりに「立ち止まりつつ－流れ去る（stehend-strömend）」、あるいは「流れ去りつつ－立ち止まる（strömend-stehend）」現在が時間の先時間的な原構造とされます。ここで「流れ去る」と言われているのは「実際に与えられている多様」であり、「立ち止まる」というのは、それらの多様を取り集めてそれらを一つの「何か」の現れ「として」統一する働きです。これは、世界は、志向性の介入以前に初めから「流れ去り」（多様化）と「立ち止まり」（統一）という二つの契機がある特殊な関わりを形成することで媒介されて現れていることであり、そこに原印象が介入する余地はありません。ここで「特殊な関わり」と呼んだのは微妙な事態であり、そこでは「流れ去ること」（多様化）と「立ち止まること」（統一）が、差異化しながら相即していることです。多様化することとそれが統一されること、これら二つの対立した動きが、その二元性にもかかわらず、一つの事態として生起しています。これは、二つの対立するもの（契機）が一つに結びつけられることとして「矛盾」です。これに対して「逆説」は、唯一の全く同じものが、外部から接合されるのではなく、その内部で自ずから多様化することです。その一つの形が、唯一のものが多様な現れとして自己を生むことですが、それは、実在そのものが射影することなくして多様な現れ方をすることなのです。これは「顕現しないものの現象学」の鍵となる出来事であり、本書の一貫した主題となります。

「生き生きとした現在」の出来事は、ミニマルなものであっても矛盾である以上、志向性と同様、あるいは志向性の原型として、地平的な現象の閉域を形成します。すべてはこの多様−統一の自己媒介のシステムの中で現れます。原印象のみが、そのシステムを何らかの仕方で免れうる通路だったのですが、それが塞がれてしまったのです。

こうして、問題は再び一九〇五年の「時間講義」に送り返されます。つまり、原印象の内部で、その外部から媒介される（差異化され、時間化される）ことなしに現れる現象はあるのか、ということです。それがあるとすれば、それはまさに、第二の深い意味での「事象そのもの」であり、その自己贈与に他なりません。そしてこれが「顕現しないものの現象学」の中心となる問いです。

しかし、この問いに対する一般的な回答は否定的なものです。その理由ははっきりしており、単純ですが、それだけに説得力のあるものです。つまり、現象学にとどまる限り、ものは何であれ、必ず何らかの仕方で現れるというものです。それは、全ては最終的に地平の「として」構造の中に入るということです。それ以外は現象学の対象にはなりえません。

例えば、レヴィナスが主題とする他者の「顔」を考えてみます。他者の顔は定義上知覚をはみ出す、あるいはそこからずれる現象です。知覚はその地平構造により、あらゆる他者性を同一性に組み込むからです。従って、仮に顔が現れるとすれば、それは過去把持を介さずに原印象の位相だけで現れるはずです。

しかし、これはデリダがレヴィナスの『全体性と無限』での議論を批判した点ですが、顔はもしそれ自体として現れたとしても、必ず知覚もされます。たとえ顔が何らかの仕方で地平によらずに、それとは別の仕方で、「汝殺すなかれ」という倫理的な「命令」として現れたとしても、それはほぼ同時に世界地平の中で顔のイメージとして知覚されるはずです。ここは非常に微妙なところで、レヴィナスは後に『存在するとは別の仕方で』でこの問題に対する一つの解答を出しました。

また、マリオンが『存在なき神』に代表される彼の初期の議論で依拠した「イコン」の現れにしても同様です。マリオンによれば、イコンは志向性を通して知覚されるのではなく（だとすれば、それはイコンではなく「偶像」です）、レヴィナスの他者の顔と同じく、むしろわれわれの眼差しを一方的に襲って来てそれを「飽和する」見えないものです。しかし、キリスト教の信者にとってそのような「顕現しないもの」の現象としての経験が可能だとしても、非キリスト者にとっては、それはキリストの顔を描いたイメージとして知覚されるでしょう。

さらにメルロ＝ポンティにあっては、彼の現象学を支配する「可逆性」の原理に従って、原印象だけが独立して現れることはありえません。可逆性に従えば、一つの項は必ずその逆の項に送り返すからです。従って原印象は必ず過去把持を伴います。言い換えればここには必ずある種の否定性が介入しています。従ってメルロ＝ポンティの現象学を「知覚の弁証法」と言うことをもできるでしょう。ただしそれは「事象そのもの」の否定性としての地平であり、それは彼の遺稿である『見えるものと見えないもの』に至って志向性から解放され、「肉」と呼ばれる存在そのものの内的な絡み合いからなる「内部存在論」へと深められていくのですが。ここにはもう一つの「顕現しないものの現象学」の可能性があります。

それゆえに、レヴィナスやデリダ、メルロ＝ポンティらの現象学者、あるいは現象学から出発した哲学者たちは、「原過去把持」や「原反復」、あるいは「原痕跡」などの観念によって生《なま》の原印象を二重化し、それを観念的な虚構として避けようとします。はじめにあるのは反復であり、差異化であって、原印象の否定なき充溢ではないのです。

しかし、それにもかかわらず、「顕現しないものの現象学」は、原印象のみでの現れは可能だと考えます。というのは、原印象をそれ自体で、過去把持と未来予持の志向的地平から切り離して見るなら、その内部は志向性とは異なる独自の現象化の原理を持っていると考えられるからです。ところが地平の現象学は、あらゆる経験における地平（空虚志向）の先行性に囚われて（これは典型的な非現象学的先入見です）、原印象をそれ自体として見ず、先に見たように、「としての構造」の中で何らかの「現れるものの現れ」（ヒュレー）へと切り詰めてしまいます。原印象をこの現象構造から解き放つなら、そこにはそれまで封印されていた無限に豊かな意味（現象）可能性と、それに独自の現象化の原理があることが分かるでしょう。それこそが「顕現しないものの現象学」の主題です。それは、アンリによれば、原印象の内部に潜む未到の現象野を探索する

「未来の現象学」なのです。

言い換えれば、原印象と過去把持の間の関係、つまりどちらが先行するか、そしてどちらがどちらを条件づけるかといった時間分析に即した議論は、原印象と過去把持の二元論で考えている限り、あまりに粗雑すぎて素朴だということです。ここには相変わらず、何かが現れるのは志向性（過去把持）によってのみだという思い込みが働いています。そしてこれは、マリオンが指摘するように、全てを対象化することを理念とするデカルト以来の近代形而上学がフッサールの分析にも通底していることを表しているのです。この思い込みを還元して、原印象−過去把持に先立つ、原印象の内部の自己現象化（実在そのものの自己顕現）のメカニズムを探らねばなりません。

ところで、アンリも指摘していますが、宗教や神話、あるいは芸術は、哲学の限界を超えて「実在そのもの」としての「事象そのもの」を概念に依らずに表現しています。それらを哲学の理性から単なる物語として排除することは簡単ですが、「事象そのもの」にのみ定位する現象学の方法は、それよりも先に行くことを可能にします。現象学は言わば哲学を超える哲学だからです。そこで重要なのは形式よりも「事象そのもの」の経験です。世界の、意識の「はじまり」の実際の経験が宗教や芸術において語られ、イメージとして表現されるなら、概念的哲学がそれを形式的な理由で拒んだとしても、現象学はその経験を記述することができるはずです。したがってその現象学は、宗教経験に依拠するにしても、その意図は特定の宗教を正当化して擁護することではなく、それによってしか経験されない現象の次元を哲学的に明らかにするためなのです。

本書では、主に宗教的な体験に即して「顕現しないもの」に踏み込んだ現象学を考えますが、その際に参照する現象学者たちの考えを簡単に示しておきます。

まず、大前提となっているのはハイデガーによる「顕現しないものの現象学」の最初の定式化です。第三章1「『顕現しないもの』の問いの反復」、および終章3「顕現しないものの現象学」で詳しく論じますが、概略をあらかじめ示しておくと、ハイデガーは「顕現しないもの／目立たないもの」(das Unscheinbare)、すなわち「存在そのもの」(Sein als solches) を次のように語っています。

「現前しつつ：現前することそのこと」(Anwesend: Anwesen selbst)

これは、パルメニデスの「存在は存在する」という命題を現象学的に語り直したものです。この命題は、存在は何らかの特定のものではなく、ただ存在するという出来事だということを表現しようとしたものですが、この定式だと存在は存在するもの（存在者）になってしまいます。ハイデガーが語ろうとしているのは、あらゆる存在者から区別された「存在することそのこと」、「存在としての存在」ですから、存在者化を避けるために、存在することの動き、その出来事性を強調した同語反復的な定式が「現前しつつ：現前することそのこと」なのです。

本書で扱う現象学者たちが、「顕現しないものの現象学」という表現を使わないにしても共通して問題にするのは、ハイデガーがこのように定式化した「存在＝現前」という顕現しない／目立たない出来事の手前で起こる、それよりもさらに顕現しない／目立たない出来事であり、それが具体的には生命であり、神であり、他者なのです。

まず、原印象を「実在そのもの」の現れとして初めて明確に分析したのはミシェル・アンリの偉大な功績です。彼は、原印象において生命が、志向性が介入する以前に自己の内部で、それ自身の力で現れることを明らかにし、それを「自己触発」として記述しました。それはまさに「実在そのものの自己顕現」であり、あらゆる「現れるもの」から離れた「現れること」そのことですが、それは具体的な現象としては「苦しみ／悦び」の情感性としてのみ体験されます。それが「苦しみ」として現れるのは、まず、この現象にはその条件としてのいかなる差異（空虚な地平）も介入しないために、現れるにしても、自己の外部に出ることなく、その内部に閉じ込められたままだからです。そこでは、自己が現れるためには、自己の内部で自己を「触発する」しかありません。ただし、ここでアンリが使っている「触発」という表現は「触発する自己」と「触発される自己」を、ある差異を介した二項として想定させるために、厳密にはふさわしくないものです。実際は、「触発する自己」と「触発される自己」は厳密に同じものです。それゆえに、「自己触発」はカントやメルロ＝ポンティの場合のように世界を開く図式機能ではなく、それとは逆の方向に、世界の手前で純粋な自己を垂直に現れさせるのであり、その具体的な体験が「苦しみ／悦び」なのです。

この分析で重要なことは、本論で詳しく述べますが、この「自己触発」が、キリストの受肉を一つのモデル（あるいはその一つの現象形態）としていることです。キリストの受肉は唯一の神が自己の内部で息子を生むことで二重化し、それによって現れた出来事です。ちなみにこの受肉の「現れ」の身分については解釈の違いがありますが、アンリの現象学的解釈は、それが世界地平内での現れ以前に神の内部で起こったとする点で、グノーシスの考えに近いものです。いずれにせよ、ここでは、一なる神が世界地平の中で分裂して現れる以前に、自己の内部で、一に留まりながら二重化したと考えられるのです。それをアンリは現象学的に「私」の経験の只中で、原印象の内部で起こったこととして捉えます。

しかしアンリの分析の問題は、この原印象そのものの現象化を「自己触発」としてしか示すことができず、その具体的な経験が「苦しみ／悦び」に制限されることです。ただしこのことは、原印象における実在そのものの自己顕現を初めて開いた点で、アンリの功績を否定するものでは決してありません。ただ、原印象に固有の現象化の原理を、アンリの限界を超えて追求せねばならないのです。

これに対してレヴィナスの場合はより複雑であり、現象学的に見て展開の可能性があります。この序論ではごく簡単にしか話せませんが、彼は原印象内部での現象化の原理として、哲学に先立つ神秘主義的な物語を援用するのです。

ただし、断っておかねばならないのは、レヴィナスはアンリと異なって、志向性を一切排除した原印象そのものの内的現れを考えているのではないということです。彼の考えでは、原印象の内部は一元的ではなく、根源的に言語に（と言っても「神の自己分節化」としての極めて特殊な言語ですが）媒介されており、それに固有の時間によって構造化されています。それによって、「実在そのもの」は、その内部で、一に留まりながら多様化することができるのです。

アンリに欠けていたこの原印象の内部での実在そのものの自己顕現を、過去把持を介した時間化に対して「微細な時間化」（temps subtil）と呼んでおきましょう。この微細な時間化は、ユダヤ教神秘主義カバラーの神話的物語（イサク・ルリアの「ツィムツム〔神の収縮〕の教説）で語られています。そしてそれは、アンリの受肉と同じように、世界地平の内部でものを現れさせる時間化に先立つ、神の内部の時間化です。カバラーとは単なる神秘主義に過ぎないのではなく、天地創造（現象学的には世界の地平的現れ）に先立つ「第一の創造」（現れだけからなる純粋現象の世界）を探る、一種の現象学とみなすことができるのです。

次に、「顕現しないもの」の現れの解明において、アンリだけでなくレヴィナスの限界をも補うのが、アンリ・コルバンがイスラーム神秘主義に基づいて提起した「創造的想像力」の考えです。コルバンは表向きにはイスラーム神秘主義の研究者ですが、ハイデガーの影響を受けた現象学者でもあります。彼は一二―一三世紀イランの神智学者スフラワルディーの「東洋哲学」もしくは「東方照明哲学」（イシュラーク）を主に参照することで、「顕現しないものの現象学」を――彼自身はこの表現を使ってはいませんが――西洋哲学の限界を超えて、新たな方向に展開させることに成功しています。

彼の現象学の内容は、アンリの受肉やレヴィナスのユダヤ教のテクスト解釈学と同様、唯一の神がその内部で自己顕現する現象ですが、彼の場合、それが「創造的想像力」によって独特の仕方でイメージ化されるという点で現象学的に際立っています。この想像力は、アンリの「自己触発」（苦しみ／悦びの情感性）のように多様な現象を拒否することなく、またレヴィナスの「他者の顔」のように言語と倫理に限定されることもなく、唯一の神がその内部で多様なイメージ（純粋映像）として現れる、神と世界の中間の「想像界」（mundus imaginalis）を形成しますが、それを新たな「顕現しないもの」の現象学のフィールドとみなすことができます。それは、図式機能として世界を現れさせる人間の想像力ではなく、唯一の神が人間を通して自己を多様な現れとして想像する想像力です。ここでは確かに人間が想像するのですが、その主体は人間ではなく、神が人間を通して自己をイメージとして現れさせているのです。したがって、この想像力は通常考えられているように非実在的なものの空想（ファンタジー）ではなく、むしろ「実在そのもの」の自己原像化なのです。

また、日本では新田義弘が、地平現象の究極の根拠としてハイデガーの「顕現しないものの現象学」に注目し、そこに後期フィヒテの「原像化」の理論を独自に導入して、この現象学をレヴィナスやアンリたちとは別の方向に展開させました。後期フィヒテは、アンリと同様に『ヨハネによる福音書』をも参照し、実在そのものの原像化をキリストの受肉をモデルとして徹底して考えています。アンリには、彼が「自己触発」の「苦しみ／悦び」として記述した「顕現しないもの」の現象をもう一度世界の現象に繋げてゆく道が閉ざされていますが、それは、アンリの生命には否定性が決定的に欠けているからです。しかし新田にとって、生命はその本質として否定を含んでいます。彼はこの点をフィヒテの像理論に即して徹底して考え抜き、形而上学だけでなく「顕現しないものの現象学」を知識論として展開させました。

このように、「顕現しないものの現象学」は、現象化の原理として「矛盾」から「逆説」に転回した現象学だということができます。地平的な現象（知覚）の現象化原理は、「主観的にありありと与えられたもの」が、それ自体は空虚に志向された「客観的な現れるもの」の「現れ」として実際に（つまり「事象そのもの」に充実されて）現れるという矛盾です。フッサールは『受動的綜合の分析』（一九二八年）の冒頭では「外部知覚はそれ自身の本質に従えば成し得ないことを成そうとする絶えざる越権行為であり、したがってその本質にはある意味で矛盾が属している」と言っています。志向性とはこの「空虚」と「充実」の間の矛盾の空間を開くものであり、すべてはこの連続的な空間の中で現れ、その外部はありえません。仮にこの連続性が瞬間的に断ち切られ、そこでその外部が現れたかに見えても、それはすぐさま志向性の連続性に回収されて、あたかも何もなかったかのように忘却されてしまいます。

ところが、原印象を軸として矛盾は逆説に転換します。そこでは、「現れるもの」とその「現れ」の間にいかなる差異もないため、両者は「即」で結ばれます。「現れるもの」は即「現れ」として、言い換えれば一は即多として、完全に現れ切ります。そこにはいかなる隠れも含まない純粋な現象、「現れることそのこと」しかないのです。その豊かな内実をこれから探っていきます。

第一章　生命と未来

「顕現しないもの」としてまず初めに「生（命）」を扱います（本書では「生」と「生命」は同じ意味で使います）。ここで言う「生」とは、「顕現しない（目立たない）」という形容詞が示しているように、何らかの表象（例えば生命科学）の対象となるような存在者ではなく、どんな経験が起きる時も、その経験そのものが自己自身をその内部で感じ取るという、いわば経験の裏側で起こる出来事のことです。例えば、私が目の前の机を見る時、それを見るのは意識（志向性）であり、そのこと自体には「顕現しないもの」としての生は関与していません。この意味での生とはもっぱら、外部に向かう意識ではなく、その意識が自己自身を内側から感じ取っていることなのです。ここで、意識が外部に向かう方向を「地平」、その意識自身が内部で反転して自己を感じることを「垂直」と呼ぶことにします。地平方向から垂直方向へのこの転換こそが、顕現しないものの現象学を理解するうえで最も重要なことです。

　フッサールに始まる志向性の現象学者がこのような地平方向の経験を分析する時、その反省的まなざしは、どんなに受動的なものであっても意識（志向性）で止まります。たしかに、この見えそのものがはじめて発生する時に、意識は極度に受動的なある種の生動性（「生き生きとした現在」）にまで深まりますが、この「生」はなお対象（地平）方向に向いており、意識がその内部で垂直に、直接自己自身を感じ取る、アンリが発見した生ではありません。つまり、「顕現しないもの」としての生には届かないのです。

これに対して、ここで言う現象学的な「顕現しない」生とは、その「手前」、あらゆる経験に原理的かつ構造的に（つまり垂直に）先立つラディカルな「手前」であり、決して反省的に見えるようにはなりません。反省に身を晒すことを絶対に拒みながら、しかも一切現れることのない完全な即自態でもないような、最も原初的な出来事、それが、自己自身をその厳密な意味での内側から感じ取る生であり、それがまさに「顕現しない（目立たない）」という言葉の意味するものです。

たしかに、この意味での生は絶対無分節の完全な一者であり、原理的に全く現れない、それゆえに現象学の対象にはなり得ないように見えます。しかしそう考えることは、生そのものの内部にまでまだ十分に入っていないこと、現象学的に言えば生への還元がなお徹底されていないことを表しています。アンリはこの徹底された還元を「反還元」と呼びますが、それは、この還元が、これまでの現象学的還元がもっぱら意識の外部に現れる現象だけに関わってきたのに対し、方向を逆転させて、意識に先立つ、というよりもむしろその裏側の生の内在的な次元にまで深まることを意味しています。この還元の反転こそ、アンリが現象学の歴史の中で初めて成し遂げたものなのです。この反還元の結果、生そのものが厳密に一なるものであり、多様な現象としては現れないにもかかわらず、一に留まりながら、しかもそれに固有の仕方で現れることが明らかになります。

この生の内部での出来事を、もっぱら外部に向かう志向的意識は現象学的に、つまり外部の対象に目を奪われて飛び越え、忘却しています。それゆえに、従来の現象学的還元においては、生そのものは顕現しない（目立たない）ままに留まっていたわけです。しかし、この隠れたままの生こそが実在そのものであり、もっともリアルなものなのです。それを忘却して外部の世界にのみ向かうのは、いわばそれと知らずに錯覚の世界に閉じ込められているようなものです。

ところで現象学とは元来、まさに、客観的に現れているものに目を奪われて忘却された、その現れているものの主観的な現れに気づき、それを忘却から救い出すことでした。その現象学が、自分自身が暗黙のうちにもっとも内密な「生」を、それがあまりにもリアルで、ラディカルに主観的であるがゆえに忘却していることに気づけないできたことを、アンリはいわば自乗された現象学によって告発するのです。そうして、フッサールが主題にした世界内の対象や、さらにはそれをさらに還元してハイデガーが明るみに出した存在の影に執拗に隠れたままに留まる生を、その忘却から救い出すのです。このようにして初めて姿を現した生は、もはやいかなる地平的な隠れもなしに完全に現れ切るのであり、それこそが厳密な意味での「事象そのもの」という、序論で述べた現象学の理念の実現なのです。

では、この密やかな、顕現しない（目立たない）現象とは実際にいかなるものでしょうか。

(1) 非志向的生の現象学

ミシェル・アンリは、その生の現象学によって現象学に未曾有の次元を開きました。従来の現象学は、志向性にせよ存在論的差異にせよ、何らかの差異化もしくは地平（アンリはこれを「脱自」あるいは「超越」と呼びます）を現象化の原理としており、そのため、それが主題とする現象性は広い意味での表象（つまり現れるものが、地平の中でその外部に晒されて現れること）に限定されていました。これに対してアンリの現象学は「実在そのもの」を主題としますが、その特徴は、現象の条件としていかなる差異も媒介することなく、そのまま自己顕現することにあります。そしてその「実在そのもの」が生なのです。この生の現象学の意図をアンリは「非志向的なものの現象学――未来の現象学の課題」と題するある講演で次のように述べています。

> しかし、非志向的現象学は世界を知解可能にするだけではない。それは特殊な領野、生の膨大な領野を持っているのだが、それを探索する手段をわれわれは現在のところほとんど持っていない。断片的な指示や粗い直観などはあるが、それは哲学そのものよりも、諸々の芸術やその他のスピリチュアリティの様々な形態によって与えられてきた。この領野をその特殊

性において認識し、連続した歩みを辿り、それにふさわしい方法論を展開すること、それが非志向的現象学の課題であり、おそらく明日の現象学の課題の一つであろう。

(Michel Henry, *De la Phénoménologie de la vie*, Paris, PUF, 2003, p. 121)

このような非志向的な現象は、従来の志向性の現象学からすれば端的に不可能ですが、アンリはそれが可能であるどころか、最も根源的でリアルな現実として法外な強度を持って課せられてくることを、生の内在における全く新たな現象の仕方を示すことで現象学的に証明しました。現象学では、実際に具体的な現象を示すことが論証、証明に代わるものなのです。

(2)「事象そのもの」の意味の変容——同一哲学へ

これは現象概念の原理的な変化という点で、現象学の一つの決定的な「転回」ですが、その転回は、「事象そのものへ」という現象学のモットーの意味をラディカルに変容させます。つまり、従来の現象学では志向性が、それが地平的差異を介して空虚に指示していたものが自己贈与されること（Selbstgegebenheit, auto-donation）、すなわちそれ自体として自ずから、明証的に、眼前にありありと（leibhaft, en chair et en os）与えられて充実されることが「事象そのもの」に即することだったのですが、非志向的な生の現象学では、空虚な志向性が発動して「事象そのもの」

を何らかのものの表象に限定すると同時に、しかも地平が介入して意識と世界が構成されるのとは別の仕方で、「実在（生）そのもの」が、いかなる空虚も容れない生の充溢という意味での「事象そのもの」として、厳密な意味で自ずから与えられるのです。生は、世界の内部で現れる様々なものとは異なり、もはやいかなる隠れ（見えないもの）も残すことなく、またそれを現れの条件とすることもなく、現れ切るのです。前者においては客観的な統一体としての「現れるもの」とその主観的に多様な「現れ」の間に本質的で構造的な「ずれ」（すなわち差異、もしくは地平的な隠れ）とがあり、その「ずれ」こそが現象学の活動空間の全てだったのに対し、生においては「現れるもの」とその「現れ」の間にいかなる差異もなく、両者は完全に一致します。かくしてそれは一つの現象学的な同一哲学を形成します。そこでは「事象そのもの」は同一的な生そのものです。そして、この生だけが新たな現象学の「特殊な、膨大な領野」として現れるのです。問題はその具体的な現象を探り、発見することにあります。

こうして、その厳密な同一性の中で、生が生自身の内部でいかにして生自身に現れうるのか、そしてそれが実際に、またどのような「膨大な領野」を開けるのかという、現象学の歴史の中では未曾有の問いが発せられます。同一哲学の体制において、生は生自身によってしか明らかにならない以上、それは現象学に、世界には現れることのない（つまり顕現しない、目立たない）生の深部にまで遡ることを要求しますが、アンリはこのために従来の現象学の還元を徹底化し、それを「反還元」（contre-réduction）と呼びます。反還元の結果として生そのものが真の意味での

「事象そのもの」として自己顕現するに至りますが、そこでは生に固有の「原可知性」（Archi-intelligibilité）によって生が生自身を知るのであり、生の現象学とはまさにこの原可知性の哲学としての展開に他なりません。それは、生が生自身を思惟するものとして、同語反復的思惟です。ここでアンリの生の自己触発は、序論で述べたハイデガーの「現前」の同語反復と切り結びます。

(3)「未来」の二つの意味

アンリはまた、上の引用文で、世界に構造的に先立って生の内在において生が生自身を顕わにするこの現象学こそが「未来の現象学」だと言っていますが、そこで「未来」という言葉は二つの意味を持つと考えることができます。一つは、引用文の最後に言われているように、ごく単純な「来るべき」という時間的な意味です。アンリが開いた生という「実在そのもの」の現象学は、新たな現象学として、今後さらに展開されてゆく（べき）ものだということです。もう一つは、生が本質的に「未来化」であることに由来する哲学的な意味です。現象学的には、生はもっぱら自己を生むことによって現れます。それは絶えず未来化することであり、従って「生の現象学」とは、すなわち「未来（化）の現象学」なのです。

これに平行して、フッサールとそれを継承する現象学を「過去の現象学」と呼ぶ際の「過去」も二義的です。時間的な意味での「過去」に加えて、より重要な哲学的な意味は、このタイプの現象学であらゆる経験を可能にする地平が、沈殿した過去の意味から形成されていることです。志向性による表象的経験は、時間意識において、新たに与えられたもの（原印象）を過去の意味枠の中に組み込んで意味づける（過去把持）ことです。このことをフッサールは、世界の意味の発生を分析した『経験と判断』（一九三九年）の中で、「未知は常に同時に既知の一様態である」と表現していますが、この言葉が、過去の現象学を端的に特徴づけていると言えるでしょう。

以上を踏まえて、この章だけでなく、本書の全体を通しての狙いは、アンリが引用文の中で行っている指示に従って、非志向的な生という「実在そのもの」の未到の「膨大な領野」を探り、その新たな現象を発見することです。アンリはその可能性を哲学よりも「芸術やスピリチュアリティの諸形態」に見出していますが、それは、芸術やスピリチュアリティが生の内部に巻き込まれ、その只中から生が自己顕現する媒体となりうるからです。それに対して、生を概念や意味といった空虚な差異や地平を媒介として語らざるを得ない哲学には限界があると考えるのです。

1　過去の現象学

アンリが切り開いた生の現象学の新たな原理がいかなるものかを見てゆきますが、それを主題的に分析するに先立って、生の現象学から見た過去の現象学の欠陥（つまり非現象学的な先入見）

とは何かを明らかにしておきましょう。それは、アンリの考えでは、冒頭で指摘したように、一連の古典的現象学（アンリは、フッサールおよびそれに従う現象学をこう呼びます）が、差異（空虚地平）をあらゆる現象化の原理とする点にあります。

(1)　志向性と事象そのものの現前

序論で述べたように、フッサールによる現象学のそもそもの始まりは現象化の原理としての志向性の発見であり、それによる「事象そのもの」への接近ですが、「意識は常に何ものかについての意識である」という有名な志向性の定義は、一つには意識が常にすでにその外部に出ていること、つまりはじめから「事象そのもの」のもとに超越していることを示しています。例えば、サルトルは志向性を意識（自我）の世界への根本的な超越として実存論的に理解していました。

しかしそれはまた、フッサールにとって現象学本来のテーマである現出論の文脈においては、世界内のものが近代哲学的な意味で意識の内部で対象として表象されているのではなく、もの「そのもの」（事象そのもの）が、実際に（wirklich）、ありありと（leibhaft）眼前に与えられていること、つまり「自体（自己）贈与」（Selbstgegebenheit）をも意味しているのでした。ということは、ものの現れの背後に決して現れることのない実体が隠れているのではなく、ものはある意味で「そのもの」として現れ切っているわけです。この現れの直接性こそが、少なくとも古典的な現象学にとってフッサールの根本的な発見だったのです。

(2) 地平的隠れとそれによる生の現象の隠蔽

しかし、生の現象学から見ると、この発見の評価にはある留保が必要であり、その留保がこの発見の持つ革命的な意味を減少させています。それはつまり、現象学的な現象において近代哲学的な意味での実体的な隠れはエポケーされ、その結果、確かに「事象そのもの」が顕わになりましたが、しかしその「事象そのもの」とみなされるものは、それ自体が別の、いわばより具体的（リアル）な「隠れ」を条件として現れているということです。この隠れこそが志向性の現出論的な働きなのであり、それは世界内のものの現れを、その内部と外部から取り囲む空虚な地平として機能します。いわば、「事象そのもの」に即した、まさにものの眼前の現れの只中にその現象の条件として隠れてゆく、あるいは眼前に現れている隠れの地平こそが、その背後（もしくは手前）にもはや遡ることのできない、古典的現象学が考える現象の原構造なのです。フッサールは志向的現象のこの基本的な機構を「内在的超越」という含蓄ある表現で呼んでいます。

つまり、われわれが眼前に、最もリアルに見ている「事象そのもの」はものの「現れ」ですが、それは即ち地平の「隠れ」に他ならないのです。言い換えれば、われわれは諸々の（主観的な）「現れ」（Erscheinungen）を通して、というよりもむしろよりダイレクトに「現れ」そのものに、おいて、客観的な統一としての「現れるもの」(Erschinendes)を地平的隠れとして現に見ているわけです。

これは、志向性の体制では、ものの現れには本質的に空虚が含まれているということを意味しています。そして、この地平的空虚が生の充溢の自己顕現を阻むのです。これが、生の現象学から見たときの古典的現象学の非現象学的な欠陥です。それは古典的現象学にとっては避けることのできない機構だとしても、現象学そのものにとって本質的なことではなく、従って還元を徹底することによって乗り越えられる(べき)非現象学的な先入見なのです。

(3) 原印象と過去把持

このように、地平の差異化という形で働く志向性を基本的な機構とみなす古典的現象学は、世界を彼らなりの「事象そのもの」として顕わにする代償として生へのダイレクトな接近を阻むのですが、この世界(超越的差異化、すなわち見えるものと見えないものとの交錯)と生(内在的充溢、すなわち絶対に見えないもの)との微妙な関係が、フッサールによる時間の分析、とりわけ原印象の身分をめぐる分析の中で顕わになってきます。つまり、原印象は地平的隠れと垂直の充溢、二つの「事象そのもの」の分かれ目(分岐点、旋回点)であり、これら二つの現象は、同じ一つの原印象の二つの異なる方向への現れなのです。

地平を開き、生の実在性を非実在化する差異化（「現れるもの」とその「現れ」との現出論的差異、ずれ）は、フッサールおよびその後継者たちの志向的分析では、時間化において始まると考えられています。時間こそが、あらゆる現象の基本的条件（形式）としての地平の起源なのです。

　フッサールの分析によれば、この時間化が「現れるもの」と「その現れ」との間のずれ（これが古典的現象学の活動空間です）を作り出すのは、各瞬間に与えられる原印象（実際に与えられた主観的な「現れ」）が時間流に従って流れ去ってゆくのを志向性（過去把持）が今に引き留めて統一し、客観的な「現れるものの現れ」として意味付ける（つまり構成する）ことによってです。このうち、流れ去りを引き留める（取り集め、統一する）のは明らかに志向性の働きですが、原印象の贈与はそうではありません。今において仮初に出来上がった統一が刹那に崩れて流れ去ること、すなわち瞬間ごとに全く新たな原印象が与えられること、それが根源的に湧出し、自然に（自発的に）発生することは志向性の働きではありません。つまり、志向性の最初の働き（過去把持）は、志向性に先立つ非志向的なある出来事（贈与）を前提しているわけです。「現れ」が「現れるものの現れ」として志向性（過去把持）によって意味付けられる、つまり構成されるのは事後的でしかないのです。志向性による世界の「はじめ」は第二の始まりであり、それには非志向的な生の第一の「はじめ」が先立ちます。だとすれば、まだ何ものの現れとしても限定されていない、いわば主観の底（つまり生）に端的に与えられる無限定の「現れ」が、瞬間にでも成り立つことになります。そこにこそ、現象学的形而上学が成り立ちます。

他方で、古典的現象学においては、原印象と過去把持のこの関係に関して、むしろ過去把持が原印象の贈与に先立って、その条件としてすでに働いているのではないかという問いが立てられます。だとすれば、原印象はあくまでも意識（志向性）の側から、実際に独立した現象としては経験できない極限理念として考えられます。

しかし、還元（反還元）を生そのものにまで徹底して生の中から見ると、この問い自体が有効性を失うのが分かります。それはあくまでも地平的な見方から立てられた素朴で擬似的な問いであり、生という「事象そのもの」から生じる問いではないからです。これは、志向性が形成する、実在性、つまり真の意味での「事象そのもの」から遊離した意味空間の中で、その空間に固有の閉鎖性ゆえに発生する錯覚の一つなのです。そしてその素朴性は、志向性によって現れる世界内の現象に目を奪われて、非志向的な生という「事象そのもの」に固有の現れ方を知らないことに起因しています。

原印象がそれだけで与えられるというのは、現象化の可能性として地平方向でのみ働く、つまり表象し、それによって脱実在化する志向性しか知らない古典的現象学にとっては明らかに非現象学的な素朴な見方です。しかし生の現象学からすれば、つまり生、実在そのものにまで反還元するならば、逆に、この狭い考え（アンリはこれを「存在論的一元論」と呼びます）こそが、「現れるもの」（生そのもの）とその「現れ」とが完全に合致するまで徹底していない素朴な考えなのです。還元を超越論的主観性への還元より深く、実在そのもの（生）に至るまで深めるなら、志向性とは別の、より根源的な生の現象化（自己顕現）の可能性が見出されるのです。

2 未来の現象学

(1) 還元から反還元への徹底化

フッサールの超越論的還元は、超越論的主観性で停止します。その超越論的主観性とはすでに構成された自我ではなく、根源的な時間化（原差異化）であり、それによってはじめて自我と世界が共に構成されて現れる出来事です。この還元には志向性による構成が対応しており、それをはみ出すものは決して現れることなく、従って現象学的には問題になりません。

しかし、知識論を超えた現象学の究極の可能性としての形而上的学生の現象学から見た場合、この還元は明らかに不徹底であり、実在そのもの（生）を覆い隠してしまいます。実在そのものとしての真の「事象そのもの」を実現する「現象学そのもの」を目指すなら、現れるものが完全に現れ切り、現れと一致するような純粋現象性に向けてさらに還元を徹底せねばなりません。

その結果、古典的還元が超越論的主観性による世界構成に相関するのに対し、生（実在そのもの）への反還元は、生の完全な、同語反復的な自己顕現を解き放ちます。還元の徹底化によって、世界の構成は生の自己顕現に取って代わられるのです。アンリは、かつてマリオンが『還元と贈与』で提起した、古典的現象学が無自覚に前提するとされる究極の現象化の原理を「還元すればするほど贈与がある」（Autant de réduction, autant de donation）という「現象学の第四の原理」として定式化しましたが、それこそがアンリ自身の反還元に妥当するのです。

(2)　生の自己産出としての原印象

この徹底した還元を経て、改めて生の内部から原印象と過去把持（志向性）の関係を見直してみると、古典的現象学の記述が、この二つの位相が接続する出来事をその外部から見たものでしかないことが明らかに分かります。それは、この分析が、古典的な意味での「事象そのもの」に即してはいても、生の「事象そのもの」には迫っていないからです。

過去把持による原印象の取り集め（綜合・統一）は、志向性の働きである以上、内的な生そのものの関係ではあり得ません。志向性は意識として、原印象に対してその外から、つまりそれが原的に与えられた後で、それを綜合・統一するという形でしか関わり得ないからです。その深い理由は、過去把持（志向性、意識）は現象の「形式」であり、それゆえその「内容」とみなされた原印象を自ら「生む」ことができないからです。アンリが彼の時間分析の決定的な箇所で強調しているように、形式と内容は、「見ること」をモデルとしたギリシャ哲学に由来する概念であり、それらは相互に外的で、形式が内容を生む、あるいは創造することはできません。過去把持の外からの介入を全て断ち切って原印象そのものに、というよりもむしろ原印象を通して生そのものに直接、その内部から接近できるのは生だけであり、それは生が生自身を生むことによってなのです。それが、志向性では生に決して接近できない深い理由です。生の本質が「自己を生むこと」であることは後で改めて論じます。

(3) 原印象から印象への転回

以上で、現象学的時間論の古典的な問い、つまり原印象と過去把持（志向性）の関係に生の現象学から一つの答えが出ました。つまり、原印象は過去把持によって意味付けられ、外部の何かの現れとして限定されて現れさせられる以前に、原印象に固有の「自己を生む」という志向性とは別の仕方で、それだけで、自ずから現れているのです。

ここで、アンリは「原印象」（impression originaire）から端的な「印象」（Impression）への転回を指摘します。原印象の「原」は、それが過去把持の志向性によって回収されるという性質を表しますが、その関係から切り離されてそれだけで見られた場合、むしろ端的に「印象」と呼ぶべきだからです。また、原印象は志向性の素材（ヒュレー）に切り詰められることで、それ自体が実在として内に含む潜在性を一つの「現れるもの」の意味へと一義化されてしまいます。それは、原印象が本来含んでいる生の充溢を、単に空虚志向（志向性）を充実するだけの機能に限定してしまうことを意味しています。原印象の印象への転回は、このようにして志向性に奪われた生の充溢を取り戻させることなのです。それは、原印象を表象して世界を開く代償としてその固有性と実在性を奪う志向性の地平から、そこで印象そのものが実在そのものとして垂直に、つまり内的に自己顕現する生の内在への転回なのです。

ただし、この転回の結果、過去把持による原印象の回収が単純に否定されるのではありません。というのは、実際の経験の中では、原印象は確かに過去把持を介して世界の何らかのものとして現れますが、それと同時に生の現れとして、それだけで内的に自己顕現（自己産出）しているからです。これら二つの現れは相互に排除するのではなく、むしろ二つが重なって具体的な経験が生じています。

例えば、目の前の絵画を見ている時、あるいはある楽曲を聴いている時、見る働き、聴く働きはさしあたり志向性によっています。その時、「最初に」与えられる原印象は、過去把持によって統一・綜合され、絵画の現れ、あるいは楽曲の現れとして意味付けられますが、それによって原印象はそれが本来持つ生としての深みを取り去られて、もっぱら対象が主観的に現れることとして機能します。それと同時に、同じ原印象において、絵画を見ることそのこと、楽曲を聴くことそのことが、生として自己を直接、その内部から「感じて」(s'éprouve) もいます。絵画や楽曲を知覚することは志向性の働きですが、その知覚において「心を動かされる」時、それは志向性ではなく、生がその内部で自分自身を直接感じ取り、「自己触発」しているのです。

原印象を限定する志向性は意識の働きですが、意識はその深部において生です。生がその極く表層において、その極めて限定された機能である意識として働くわけです。同じ(原)印象が同時に意識によって知覚され、また生において直接感じ取られるのは、生と意識のこの階層構造、あるいは両者の基本的な同一性を考えれば当然のことです。

ただしこの「感じる」ことは、感じるものと感じられるものが同じ生であるため、自己との間に距離を取り、志向性を介して自己を外から感覚することではありません。それは生の内在において全く無限定の生自身を直接「被る」ことです。それは決して「受け取る」ことではありません。「受け取る」ことはいかに受動的であっても志向性を前提するからです。したがって、アンリが使う"s'éprouver"(自己を感じる)という動詞の多義性に従って、「感じる」ことは「試練を受ける」ことでもあります。この生による生自身の同語反復的な自己贈与を、アンリは初期の『現れの本質』以来一貫して「自己触発」とし、その法外な経験を「苦しみ/悦び」という情感性として記述しています。

(4) 自己触発から自己産出へ

ただし、この自己触発は生の自己触発として、当然ながらカントおよびハイデガー、メルロ＝ポンティなどが持ち出す図式としての自己触発とは徹底的に異なったものです。彼らが自己触発と呼ぶものは志向性の原型としての時間化（原差異化）であり、したがって外部世界に向かうものであると同時に、すでに経験の外部から見られたもの、つまり意識が自己を反省して捉えた形式に過ぎません。つまり二重の意味で外部に関わるのであり、内在的生という実在そのものの構造ではありません。そこでは「触発するもの」と「触発されるもの」とが別のものとして想定されており、それらの「間」の触発によって時間化され、可視性の地平が開かれます。これに対して、アンリが自己触発と呼ぶのはその地平そのものの垂直の自己顕現であり、それ自体は現れるために地平的構造を持ちません。それは具体的には生の外部に出られない閉塞の「苦しみ」であり、生が生の内部で生に「押し潰される」経験ですが、しかしそれはまた、生がその内部で自己自身を新たに生み出し、生の力が増大してゆく「悦び」でもあるのです。

このように自己触発は、それが図式的（地平的）な時間化の自己触発ではなく、生そのものがその内在において生自身に自己顕現する同語反復としての自己触発であるためには、先に原印象を過去把持から独立にそれ自身で現れる機構として見たように、「自己産出」でなければなりません。時間化し、自己と自己との間に距離を取ることで現れる（自己構成する）のではなく、生そのものが自己とのいかなる差異も媒介せずに、厳密な意味で自己顕現するための唯一の手段は、生が生自身を自己自身の内部で生むことです。「生の自己産出」こそが、生の現象学が求めてきた、あるいはそこから出発した未曾有の出来事、リアリティの直接的な現れなのです。それはどういうことでしょうか。

「自己を生む」ことは、一つの生があくまでも同じものに留まりながら、しかも絶対に異なるという、地平の論理においては矛盾でしかない出来事を可能にする、というよりも生はまさにその矛盾からなっています。内在において実際に起こっている最もリアルな出来事が、外部から見ると矛盾でしかありません。先に原印象と過去把持とのつながりに関して見たように、印象と印象とがその外部の志向性によって、原印象として後から、そして外から統一されて「何か」の現れとして限定されるのではなく、印象が印象とそれ自体で、つまり生の内部で繋がってゆくには、印象と印象とを別々の瞬間に与えられた二つの原印象とみなし、それらが後から何らかの仕方でつなげられて連続を形成すると考えるのではなく（そう考えるのは還元の不徹底ゆえです）、ただ一つの生が瞬間ごとに自己を新たな印象として生むと考えるしかありません。フッサールが一九〇五年の時間講義においてなお素朴な仕方で時間の図表で描いたように、まず複数の（原）印象が与えられて、それが沈下してゆくのを志向性が引き留めて連続させる（構成する）のではなく、生は瞬間ごとに新たな印象として自己を生みます。このように、生が自己触発するのは自己産出することとしてのみ可能なのです。

アンリは、初期以来生の現象として記述し続けてきた自己触発を、後期の受肉の分析に至って自己産出にまで深めてゆきますが、この生の自己産出こそ、非志向的な生の現象学が発見した未曾有の現象化原理です。アンリはそれを、キリスト教において「受肉」として伝えられてきた「(自己を) 生むこと」の原理として、古代ギリシャ以来西洋哲学を支配してきた「見ること」の原理に対立させています。過去の現象学から未来の現象学への移行は、同じ時間軸上での過去から未来への進化ではなく、「見ること」から「生むこと」への原理的な転回なのです。

3 受肉と真理

(1) 受肉の現象学

アンリは、冒頭の引用で、生は哲学よりも芸術やスピリチュアリティの諸伝統において見出されることを指摘していました。それは、生がそれ以外の何ものにも媒介されないリアリティだからです。リアリティでありながら (であるからこそ)、しかもそのまま現れるという事態は哲学的な理性の能力を超えており、そこからすれば矛盾でしかありません。しかし多くの芸術や宗教はまさにその矛盾から成り立っています。そのようなリアリティとしての生の現れを、アンリはキリスト教の受肉に見ています。そしてその教義を生の現象学として分析するために、神を生と同一視する『ヨハネによる福音書』、とりわけその序文を参照するのです。

受肉とは不可視の神が人間マリアとの間に息子を生み、それを通して世界（被造界）に現れた出来事ですが、神が息子を生むことで世界に現れるという出来事（現象）は、確かに現象学的な出来事として理解することができます。しかもそれは、本来なら絶対に「見えないもの」（隠れたもの）が見えるようになった（顕わになった）こととして、志向性の現象学ではなく、リアリティとしての生の現象学の管轄に属するものです。絶対に不可視の生がそれにもかかわらず全く新たなものとして現れること、それが生が自己を生むことです。フッサール現象学の用語を使うなら、それは生が印象として自ずから、それ自体として自己贈与することに他なりません。この自己贈与を、アンリは「自己啓示」、「自己到来」、「自己回帰」などと呼んでいます。それは知覚されて現れる平板な現象ではなく、宗教的な意味での「啓示」であり、生が自己に到来してはじめて自己になることであり、また自己に帰ることでもあります。

⑵「はじめに〈御言〉（Verbes）があった」

そのような現象学的な意味での受肉を、アンリは生が「原息子（Archi-fils）」を生むこととして記述しますが、それはすなわち、生が「原息子」として自己を生むことです。「原息子」の「原」（Archi-）というのは、生そのものが自己の内部で自己を生んだものであり、まだ地平世界に現れてはいないことを表しています。時間分析の用語では、原印象に対する印象にあたります。それを原印象として志向性を介して知覚してしまえば、息子キリストの肉は被造界（現象学的には地平世界）で人間の肉体（物体）として現れることになります。しかし、その原印象の実体が生の自己顕現としての印象、つまり息子を通しての神の現れであることが、受肉の出来事を構成しているのです。

こうして、生は原息子キリストを生むこと、すなわち原息子として自己を生むことで生となる〈自己到来し、自己回帰する〉わけですが、アンリは、これが、ヨハネがその福音書の冒頭に語った「はじめに〈御言〉があった」という言葉の意味するところだと考えるのです。この〈御言〉は「原息子」キリストですが、これを生の現象学として解釈すると、「はじめ」は原印象を過去把持が取り集めて世界を現れさせること（宗教的には「天地創造」）ではなく、むしろ「はじめ」に先立つ第一の「はじめ」に（原）印象がそれ自体で与えられ、あるいは生まれてくる、真に原初の出来事だということになります。そして、それが生の自己産出なのでした。それは世界「創造」（création）、つまり志向性を介した世界構成に先立つ自己「産出」（auto-génération, auto-engendrement）であり、原印象の内部における自律的な自己顕現なのです。

(3)「われこそが真理」

ところで、生が自己の内部で自己を「原息子」として生んで現れるこの受肉の現象学的過程において、生まれた「原息子」は生む父（神、生）とは絶対的に異なる一個の人格です。つまり、生はラディカルに自己差異化もしくは二重化しますが、しかも唯一の生に留まるのです。生は世界の中で差異化され、地平の中で現れれば、もはや唯一の同じ生ではなく死せるものになってしまいますが、生が生の内部で自己産出することは、全く異なる、絶対に新たなものになることで、むしろ生が生になることです。父は子という別の人格の誕生によっていったん断続するかに見えますが、この断続を介して内的に連続し、それによって新たになるのです。つまり、「原息子」を生んで現れることは生が新たになること、未来化することなのです。ここで、われわれはこの章の冒頭に帰ってきました。アンリの生の現象学は、この意味で未来の現象学なのです。ただし、アンリはあらゆる時間性を生を損なうものとして排除するため、ここで「未来化」というのは、生がその内部で自己を生むことで絶えず新たになり、その力が増大するという、通常の意味での時間を超えた（つまり反還元された）特殊な意味に理解されねばなりません。生の内部に固有の或る時間を導入し、本格的に生の内的自己未来化の現象学を構想したのは、第二章で見るようにレヴィナスです。

生が「原息子」として自己を全く異なる、絶対に新たなものとして生み、それによって自己到来する（自己になる）ことは、現象学的には「完全に現れ切る」ことです。この生の現象化では、「現れるもの」とその「現れ」とが完全に一致します。あたかも何事も起こらなかったかのように、目立たない仕方で、生はその内部から一切出ることなく、同語反復的に自己回帰するのです。

そして、この完全に現れ切った生の純粋現象こそが、リアリティそのものの現れとしての「事象そのもの」であり、現象学的な「真理」です。徹底化された現象学的な真理は空虚志向の直観的充実でも「隠れつつ現れていること」でもありません。それらは生から見ればなお限定されており、真のリアリティには達していません。それらに先立って、生という実在そのものが、いかなる隠れも、したがってそれによる限定もなく現れ切っていること、その最もリアルな出来事こそが真理なのです。「われこそが真理」（"C'est moi la Vérité"）という『ヨハネによる福音書』の中でのイエスの言葉は、その意味でこそ理解されねばならないのです。

4　受肉からマンダラへ

以上のように、アンリは志向性に代わる「自己産出」という新たな現象学の原理を発見し、それに従って現れる「生の膨大な領域」の中から、受肉というキリスト教スピリチュアリティの伝統に固有の現象を記述しましたが、われわれが自身で生の現象学を実践するためには、この模範的な分析を手引にしつつ、新たな生の現象を発見しなければなりません。そのような現象の典型的な例として、密教の胎蔵マンダラを取り上げます。マンダラは、受肉よりさらに適切な仕方で、生の自己産出を表現する現象であると思われます。

(1) マンダラとは何か

密教は、ヒンドゥー教の生命論の影響の下に、仏教の根本原理である空を生へと読み替えてその産出性、創造性を強調するのですが、胎蔵マンダラはそれを中心（一）から周辺（多）に向かって増殖してゆく象徴的イメージで表現したものです。そこでは一つの閉じた空間の中で、大日如来を中心としてその周りに多くの仏が十三のグループ（院）にまとめられ、それらが中央の中台八葉院からそれを囲む三重の地帯へと段階的に配置されます。

このマンダラは「胎蔵」と言われるように、空＝生を母胎としてイメージしており、その中の諸仏は中央の大日如来が生んで自己展開したものです。その自己産出は中央の中台八葉院に始まり、その周囲の諸院へと進んでゆきます。こうして生まれるマンダラ空間は一つの全体として閉じていますが、その閉鎖性は母胎の狭さを表していると考えることもできるでしょう。この母胎＝生の閉鎖性（狭さ）は、アンリが「苦しみ」と記述する生の閉鎖性に通じるものです。

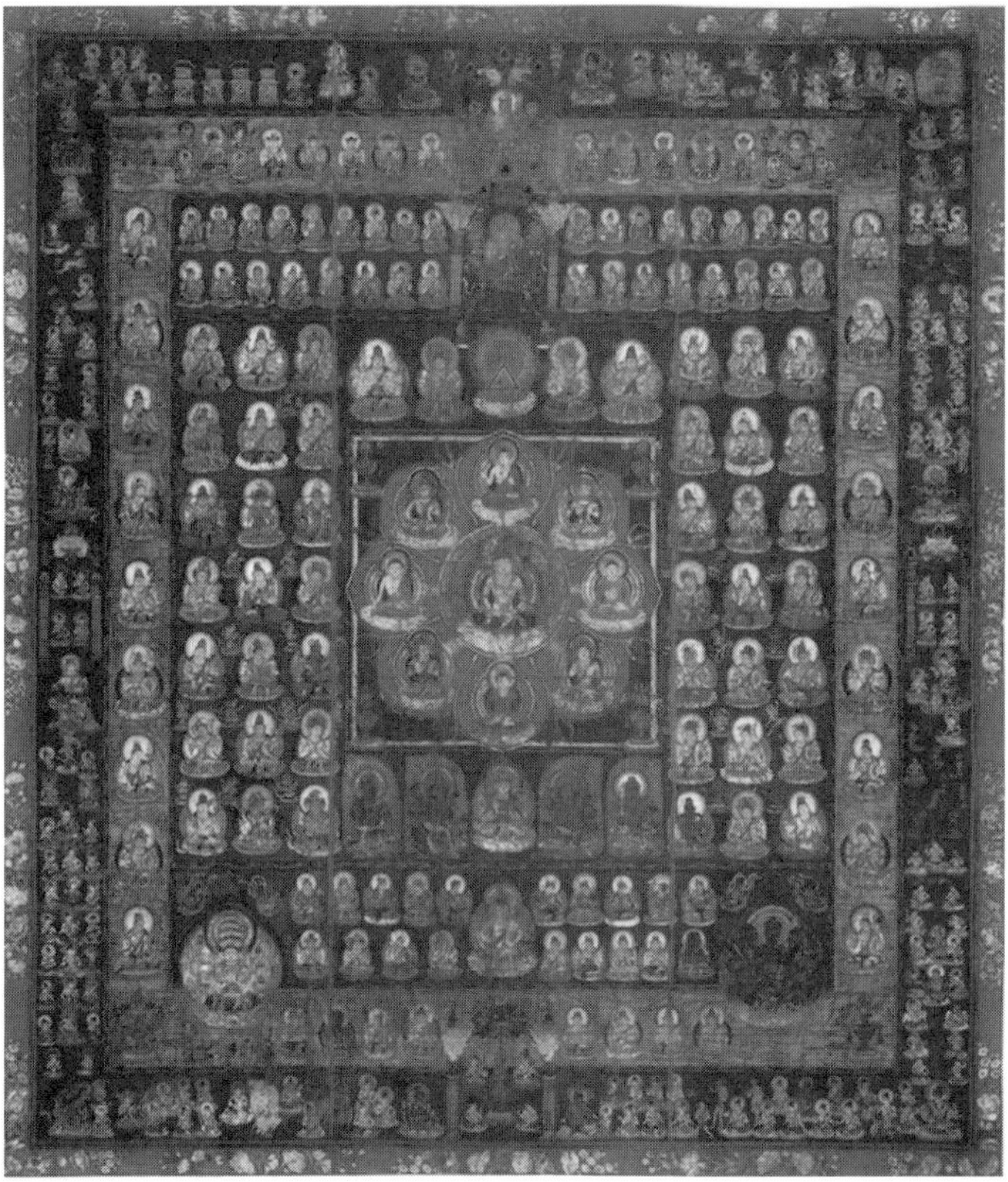

図１　胎蔵マンダラ

中台八葉院は空＝生が最初に自己顕現する院ですが、その自己顕現の過程が蓮華で表されています。蓮台の中心に描かれた大日如来は生の未展開の潜在性を表しており、それが上下左右に四人の如来として、そして斜めの四方向に四人の菩薩として自己を生み、生に固有の時間性に従って展開します。唯一の生が八人の如来と菩薩へと自己展開していく過程が、蓮華の八枚の花弁によって象徴されているのです。

(2)「即」の現象化原理

ところで、唯一の大日如来が母胎の中で多数の仏として自己増殖してゆく胎蔵マンダラの構造は、空の現象化原理であり、とりわけ華厳経に説かれる「一即多」の「即」を表現したものでもあります。すなわち、大日如来で表される未展開の一なる生そのものと、それが生んで自己展開した諸仏とは厳密に（即）同じものですが、生はその諸仏を生んで自己媒介することではじめて生となります。現象学的に言えば、先にアンリの生の現象学に即して見たように、「現れるもの」（空＝生）とその「現れ」（諸仏）とは厳密に一致するのです。

ところでそれこそが、アンリが生の現象学の根本原理とした『ヨハネによる福音書』冒頭の「はじめに〈御言〉があった」という言葉の現象学的な意味なのでした。つまり、生としての神が自己を「原息子」として生んで現れることによって神＝生となるのと同じく、生としての空はマンダラの諸仏として自己を生むことで自己顕現し、空＝生となります。というより、「即」で表されるその自己産出の過程そのもの（蓮華の開花）が、空＝生なのです。このように、受肉においては神＝生は一人息子イエスを生んで現れるのに対し、マンダラでは空＝生は大日如来が多様な諸仏として現れるという違いはあるものの、受肉とマンダラは、アンリが発見した「生の自己産出」という実在そのものの現象化原理の歴史的に異なる二つの形態として見ることができます。

(3) マンダラの現象学

現象学的に見ると、マンダラは空＝生が自己顕現したものとして、それに固有の自己触発によって現れます。それは、先に見たように、カントやメルロ＝ポンティが世界の現象化の原理と考えた脱自的地平を開く時間化としての自己触発ではありませんが、それと同時に、アンリがそれに対立させた、いかなるイメージも伴わない内在的生の自己触発でもなく、いわばそれらの中間で起こる微細（霊妙）な（subtil）自己触発とでも言うべきものです。それは、地平的世界を現れさせる粗大な（grossier）自己触発に対して、実在そのものとしての生をその内部で象徴的なイメージとして原像化させます。「原像化」というのは、意識が表象した像ではなく、実在そのものが自ずから像になったことを表します。そこでは、カントの図式論において世界を像化する自我の能力としての生産的想像力に、実在そのものが自己顕現する機能である創造的想像力

（imagination créatrice）が取って代わります（第三章を参照）。そしてそれは、時間意識の分析の文脈では、原印象をその出現の後から、したがってその外部から過去把持が回収する粗大な時間化ではなく、生そのものの内的自己時間化である微細な時間化の働きなのです。

　この微細な時間化が、まさにマンダラにおいて、大日如来からの周辺の諸仏の産出（中央から周辺への拡散）と、それら諸仏から大日如来への回帰（周辺から中心への収斂）という逆方向の動きからなる、原印象の内部での超時間的な過程として示されています。それは、地平を開き、そこで志向性を介して実在を外部に晒して表象する時間化に対して、まさにマンダラのイメージが示しているような、生が自己の底に垂直に自己を生み、多様な諸仏の形をとって自己顕現してゆくリアリティの時間化です。そこで現れるイメージは、生がその内部で象徴として自己顕現したものであって、決して志向性を通した外部の地平的世界の現れではありません。生の内部から見れば、後者は空虚からなる錯覚であり、前者こそが生の充溢したリアリティそのものが象徴としてイメージになったものなのです。印象そのものは、原印象にすり替えられて過去把持され、粗大な現象に切り詰められる以前に、この微細な時間化によって生の充溢のままに出現します。この微細な時間化が、マンダラの構造によってイメージ的に示されているのです。フッサールは『内的時間意識の現象学』において、非連続に与えられる原印象を過去把持が外部から連続させていく過程を逆三角形の図表でイメージとして示そうとしましたが、その上部の線で示されたた（本来は線で描くことができない）原印象の断続的自己贈与を、生の内部に入って（すなわち反還元して）その内側から描いたものが胎蔵マンダラなのです。

マンダラは、生そのものが象徴的イメージとして現れたものであるため、本来知覚や鑑賞の対象ではなく、それを通して生の内部に入ることができる、いわば生への入口です。生とのこの同一化は密教の修行では「加持」として実践されますが、現象学の文脈ではそれが反還元を遂行することに他なりません。反還元は、粗大な自我や時間化を超え、それらによって作り出される錯覚に抗して、実在そのものの中に、それが自ずから顕わになってくるまで深まってゆきます。そこで、「苦しみ／悦び」の情態性では記述しきれない新たな諸現象を発見してゆくことが、まさに「未来の現象学」の課題なのです。それをこれから考えてゆきます。

第二章　生命と文字

アンリの記述では、実在（生、神）そのものは、現象化の原理、もしくはそのための媒介の不在ゆえに、苦しみ／悦びの情感性としてしか現れませんでしたが、それがいかに多様な現象として展開し、より豊かな「顕現しないものの現象学」を可能にすることができるのかを考えていきます。

まず第二章で、レヴィナスの他者の現象学を取り上げます。それは、本書の位置付けではアンリの「未来の現象学」の一つの形態なのですが、そこでアンリには欠けていた「言語」（神の自己顕現としての文字テクスト）と「時間」（神そのものの時間化）が介入することによって、生命の未来化が実現されるのです。アンリは未来の現象学の原理を示しましたが、レヴィナスはそれを具体的な現象に即してさらに展開させたのだと言うことができます。

ただし、断っておくと、それは時代的にアンリが先で、彼が発見した「顕現しないもの」の次元を後からレヴィナスが展開したという意味ではありません。アンリは最初の大著『現れの本質』を一九六三年に、レヴィナスは『全体性と無限』を一九六一年に出版していますから、ほぼ同時期です。ここでは、事象に即して、レヴィナスの他者の分析がアンリの生命論をより具体的な現象として示し、それによって「未来の現象学」をさらに推し進めた、ということを言いたかったのです。

さて、実在そのものの経験として、後期のアンリは著書『受肉』で『ヨハネによる福音書』の受肉論を手引きにしましたが、レヴィナスの現象学のモデルになっているのは、彼自身が明らかにしているように、ユダヤ教の神経験です。ユダヤ教は、律法「トーラー」(『旧約聖書』の最初の五書)とその解釈・注釈である「タルムード」の二つからなっています。タルムードは、唯一不変のトーラーの律法を各時代に合わせて解釈すると同時に、律法が一義的なドグマに陥り、暴力と化すことを防ぐものですが、レヴィナスはとりわけこの後者の点を重要視します。そして、トーラーの中でも彼が主な対象にするのは「出エジプト記」にある「十戒」の倫理的律法、とりわけ第六戒「汝殺すなかれ」です。それゆえに、レヴィナスの現象学はタルムードの顕教的ユダヤ教に基づく倫理学だと一般に考えられています。第一哲学は倫理学なのです。

しかし、ユダヤ教には、トーラーとタルムードに加えて第三の、より深い次元があります。それが神秘主義カバラーです。カバラーとは、一言でいえばトーラーのテクストを通した神そのものの経験であり、そこでは神は人格神である以前に生命と考えられています。これから詳しく論じていきますが、レヴィナスの倫理的現象学の根底にはこのカバラー的経験があり、この現象学を一つの生命論たらしめています。倫理は生命の一つの限定なのです。

このカバラーの視点を取ると、アンリの生の現象学とレヴィナスの律法の現象学、二つの「顕現しないものの現象学」の間に直接のつながりが見えてきます。それは、いずれにおいても、顕現しない実在そのものの現象が神＝生命の自己産出だということです。ただし、それらの間には決定的な転換があります。

カバラーでは、神＝生命はアンリの受肉と同じく自己を生みますが、それと異なるのは、神＝生命が自己の内部で文字、およびその組み合わせとしてのテクストを生み出し、それを介して現れると考える点です。アンリでは、神＝生命は受肉において、あくまでも厳密に自己自身だけを生み出します。その外部はいっさい介入しません。他方、受肉に対して文字テクストを神の自己顕現（啓示）と考えるユダヤ教に依拠するレヴィナスでは、文字テクストが神の内部にある自律的な現象野を形成します。それがレヴィナスの現象学をアンリの現象学よりも現象性において豊かで具体的なものにしているのです。

アンリの発見は確かに画期的なものでしたが、最大の欠点は、あらゆる時間化を「脱自・超越」として生命＝神の外部に追い出し、そこに自己産出＝自己触発以外のいかなる現象化の原理も認めなかったことです。彼にとって、時間なき内的生命か、時間によって生命を封印する外的世界か、二つに一つしかありません。レヴィナスは、キリスト教からユダヤ教に戻ることでユダヤ的文字テクストという現象次元を介入させ、それによってアンリが発見した生命の未来化を実際に具体的な現象として実現したのです。

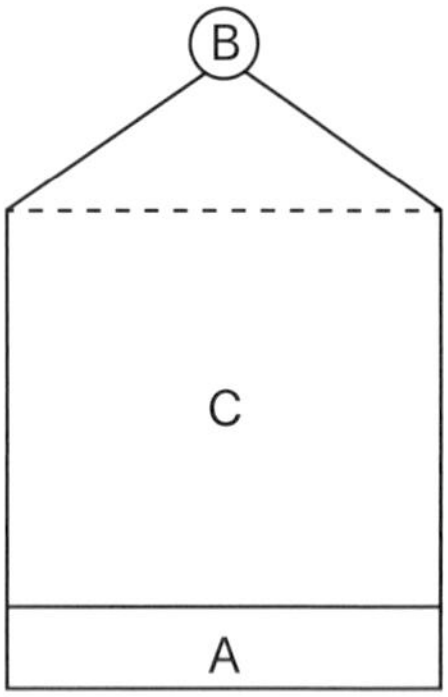

図1

以下で、議論を分かりやすくするために、井筒俊彦が『意識と本質』（二一四頁）で提示した図を適宜変更したものを使用します。底辺のAは地平的世界（天地、被造界）を、頂点のBは唯一の実在そのもの（神、生命、他者）を表します。その下の三角形はBの現れの第一段階であり、まだイメージを持ちません。それが第二段階の四角形Cにおいて、ある種の想像力の働きによって多様なイメージとして現れます。アンリの自己触発／自己産出は頂点Bにおいて、レヴィナスの顔はBの下の三角形とCにおいて、そして第三章で扱うコルバンの想像界はCにおいてそれぞれ展開し、ここまでが「顕現しないもの」の現れですが、いずれもAとの境界線上に現れることで隠蔽され、忘却されます。そこから反還元の遂行によって撤退／上昇し、B、Cを再び現象野として開くことが「顕現しないものの現象学」の課題なのです。

1　カバラー――生命と文字の論理

(1)　受肉から文字へ

序論で、「顕現しないものの現象学」が「事象そのもの」の原現前によって成り立つことを示し、第一章でアンリがその原現前を「自己触発／自己産出」として記述して、その例をキリストの受肉に見たことを論じました。そしてその際、受肉は生の自己顕現の単なる一例ではなく、明らかに他の例と比較して特権的な例であり、ほとんどそのモデルとなっているように見えます。アンリが後期の著書『われこそは真理』や『受肉』で『ヨハネによる福音書』の受肉論に依拠する以前に、『現れの本質』で、すでに自己触発の例としてマイスター・エックハルトやヤコブ・ベーメを引き合いに出していたことからもそれはうかがうことができます。このことは、レヴィナスの現象学をユダヤ的、とりわけカバラー的な文字テクストの経験に基づくものとして、受肉との比較で見ていく本書のアイデアにとって大変重要なことです。

ところで、アンリの生の現象学の問題は、先にも言ったように、自己触発／自己産出の現象化が「苦しみ／悦び」の情感性という極めて乏しい現象しかもたらさないことでした。その理由は、生が自己自身を生み、自己を触発することが、生の純粋な内在においてのみ行われ、そこにいかなる媒介も介入しないからに他なりません。アンリの内在的で一元論的な受肉解釈はそれを示しています。「生む生」も「生まれる生」も、「触発するもの」も「触発されるもの」も、厳密に一つの同じ生であり、いかにしても多様化することがないのです。

それは確かに、世界地平に先立つ神の現象（図1のB）を現象学者として初めて開いた点で、アンリ以前の現象学に対しては決定的な一歩でしたが、「神（B）か世界（A）か」のラディカルな二元性に囚われ、「神の自己顕現」というより豊かな現象野（C）を開くことができず、むしろそれを忘却し、封印してしまうことになったのです。

しかし、レヴィナスがモデルとするユダヤ（とりわけカバラー）的な根本経験からすると、神と世界の間、すなわち世界に先立つ神の内部に、文字テクストからなる一つの自律的な現象野（C）があります。そこからすると、キリスト教の受肉の教義はこの中間の次元を否定し、飛び越えていることになります。これはまさに、キリスト教が受肉の観念によって文字テクスト（律法トーラー）を廃棄し、封印してきたという歴史上の出来事を現象学的に捉え直したものです。

このことは、一般に考えられているよりも重大な結果をもたらします。というのは、この出来事は一般に、あるいは少なくともキリスト教から見れば、民族宗教としてのユダヤ教が普遍宗教へと発展していくこととして肯定的に理解されますが、逆に見ると、ユダヤ教がもっぱらその中で活動し、存続してきた一つの世界全体、そこで人間が具体的なテクスト（トーラーという書物）を読むことによって神そのものに関わることができるような次元を失ったことなのです。そして重要なことは、カバラーにとって、神と人間を媒介するこの文字テクストの次元が、キリスト教がそう考えたように人間を縛る倫理的な律法にすぎないのではなく、むしろ、キリストの受肉によって媒介されるよりも自由な神と人間との仲介だということです。この倫理と生命の二重性がレヴィナスの哲学の鍵となります。

いずれにせよ、アンリが受肉に依拠することで見失い、現象学的な意味で忘却したのは、図1のCで表された中間界です。それは、一なる神＝生命そのものが、その外部の何ものにも媒介されることなく、その内部で自己分節化して現れたものです。神＝生命は、Aの地平的世界（宗教的には被造界）にまで下ると志向性を介して外部に現れ、偶像となって神そのものとしては隠蔽されてしまいますが、それ以前に自己の内部で、つまり天地創造以前に（現象学的には地平の手前で）外部から媒介されることなく、自ずから顕わになる（啓示される）現象野が問題です。

(2) 神の文字としての自己産出

①　天地創造以前の第一の創造

「創世記」の冒頭に記されているのは、言うまでもなく「天地」の創造です。「はじめに神は天地を創造した」。ユダヤ教の顕教（トーラーとタルムード）はここから始まります。しかし、秘教カバラーから見るなら、この創造に先立って、神の内部で「第一の創造」が起こりました。それは、「はじめに神は天地を創造した」の「はじめに」（ベレシート）が、ヘブライ文字ベイト（B）で始まっていることに現れています。「はじめ」がなぜアルファベット（ヘブライ語ではアレフベイト）の第一文字アレフ（A）ではなく、第二文字ベイト（B）から始まっているのか。これはとてもカバラー的な問いです。

それは、天地創造の前に第一の創造がすでに起こっていたが、それが隠されているからなのです（ただしカバラーでは、これは一つの答えに過ぎません）。その第一の創造が神そのもの（隠れた神）を象徴する聖なる文字アレフで示されています。この第一の創造は、原初の過去において常にすでに起こってしまっており、第二に創造された天地の影に隠れて忘却されているのです。常にすでに過ぎ去った、決して現在になったことのない神、アレフ（A）は、天地＝世界の中に「原痕跡」として文字を残しますが、それがレヴィナスでは「他者の顔」として現象学的に記述されます。また、デリダでは「原エクリチュール」とされ、脱構築、つまり彼の思惟全体の対象となるのです。脱構築の否定を介した動きを表す差延（différeance）の〝a〟は、この不在のアレフ（A）の一つの表現とみなすことができます。

では、神の内部で生じたこの第一の創造とは具体的にはいかなるものでしょうか。それは神からの文字の発生であり、唯一の隠れた神そのものがヘブライ語の二十二文字という形を取って現れることです。そしてそれは、先にカバラーは生命論だと言ったように、神＝生命が文字として自己を生むこと、自己産出なのです。これはアンリが生命の自己産出として記述したものと基本的に同じ出来事ですが、アンリでは文字が受肉によって廃棄されたために、一なる生命＝神は端的に一であり、それが一に留まりながら多様化して現れるということがありえないということは先に見た通りです。

カバラーでは、この多様な文字としての現れは唯一の神の内部で起こる自己産出の出来事であるために、神は二十二文字に分裂しても一に留まります。これは、現象学的には、この神の内的自己顕現が神の外部の地平の中で、志向性を介した時間化によって世界の中に現れるのではないことを意味しています。それは意識の時間化によっては現れませんが、かといって、アンリの生の自己産出のように、全く時間を超えて現れる出来事（図1のB）でもなく、神そのものの内的自己時間化による自己産出によって現れるのです（図1のC）。それは、本書を通じて「一即多」と呼んでいる実在そのものの自己顕現の原理に他なりません。この神そのものの時間化とは何か、どのようにして起こるのかは後で詳しく論じます。

このように、顕教的ユダヤ教、つまりトーラーのタルムードによる解釈が、トーラーをすでに出来上がったものとして前提し、それをもっぱら倫理的な律法として理解してその意味を解釈することにあるのに対して、カバラーはこのテクストが、倫理として意味するはるか以前に、神＝

生命からいかにして発生してきたのかを探求します。それは、現象学的に見るなら、意識を超えて神の内部の生命にまで遡る（反還元する）一つのラディカルな発生的現象学なのです。そこで重要なことは、神から発生した、あるいは神が形となった言葉が、最初は律法として意味することはなく、単に文字に過ぎないということです。カバラーが主題にするこの最初の段階で問題なのは、まだ倫理的律法ではなく、もっぱら唯一の神が多数（二十二）の文字に分裂して、世界が開かれる（天地創造される）に先立って神の内部の中間界において現れた、ということなのです。この神の自己顕現は、倫理に先立つ形而上学的な出来事です。レヴィナスは倫理を形而上学と同一視していますが、それは、カバラー的に考えるなら正確とは言えません。形而上学は倫理に先立ちます。ただしそれはギリシャ的な意味での形而上学ではなく、それには還元されないユダヤ的な生命の形而上学であって、これらを混同してはなりません。

② 神からの文字の発生

この神の文字としての自己産出を、カバラーは次のような過程として考えています。

まだ神以外の何もない神の内部で、天地創造に先立つ「はじめのはじめ」に、神が一つの点に凝縮しました。それが点で表されるヘブライ語の「ヨッド」י（Y／I）です。この文字はアルファベイト（ヘブライ語のアルファベット）では十番目の文字ですが、神からの発生の順序では

Lettres hébraïques	Noms et transcriptions des lettres		Valeurs numériques
א	ALEF	'a	1
ב	BET	b	2
ג	GUIMEL	g	3
ד	DALET	d	4
ה	HE	h	5
ו	VAV	v	6
ז	ZAYIN	z	7
ח	ḤET	ḥ	8
ט	ṬET	ṭ	9
י	YOD	y	10
כ	KAF	k	20
ל	LAMED	l	30
מ	MEM	m	40
נ	NOUN	n	50
ס	SAMEKH	s	60
ע	'AYIN	'	70
פ	PE	p	80
צ	TSADE	ts	90
ק	QOF	q	100
ר	RESH	r	200
ש	SHIN	sh	300
ת	TAV	t	400

図２　ヘブライ語アレフベイト
（Marc-Alain Ouaknin, *Lire aux éclats, éloge de la caresse*, Paris, Lieu Commun, 1989, p. 165）

最初の文字なのです。この原初の点には、神の全エネルギーが一点に凝縮されていますから、今にも爆発しそうな凄まじい強度を持っています。それを少しでも突けばすぐさま炸裂して、ちょうどベルクソンが『創造的進化』で論じた「生命の跳躍」のように、無方向に飛び散ってゆくでしょう。この「突く」というのが、後で述べるユダヤ的テクスト解釈です。それをミドラシュと呼びますが、それは隠された意味を探り、発見することです。ただその「隠された」と「発見する」という意味が、無限の神の経験であるゆえに極めて特殊なのです。

この最初の文字は、その内部に凝縮された無限の潜在的エネルギーを外部（といっても神の内部ですが）に向けて展開していきます。まず、原初の点が垂直方向に伸びて、第二文字ヴァヴו（V）を形成します。次に、左方向に水平に展開して第三文字ダレッドד（D）となります。そして、ダレッドの中にヨッドを入れると第四文字ヘーה（H）になります。以上で、י（I/Y）、ו（V）、ד（D）、ה（H）の四つの文字ができましたが、その中でי（Y）、ה（H）、ו（V）を組み合わせると、יהוה（YHVH）という言葉が出来上がります。これは、通常「ヤハウェ」あるいは「ヤーヴェ」と発音される最も根本的な神名ですが、ユダヤ教ではこの神名は決して発音してはならないとされています。後で見るように、ヘブライ語は発音することで地平的な、すなわち一般的な意味を持つようになりますが、唯一の神には意味はないからです。絶対の無意味であるこの神名は、いわばテクスト（トーラー）の只中に空いた穴であり、そこから、すべての言葉が意味するようになる地平が最初に開けるのです。それはレヴィナスの現象学では

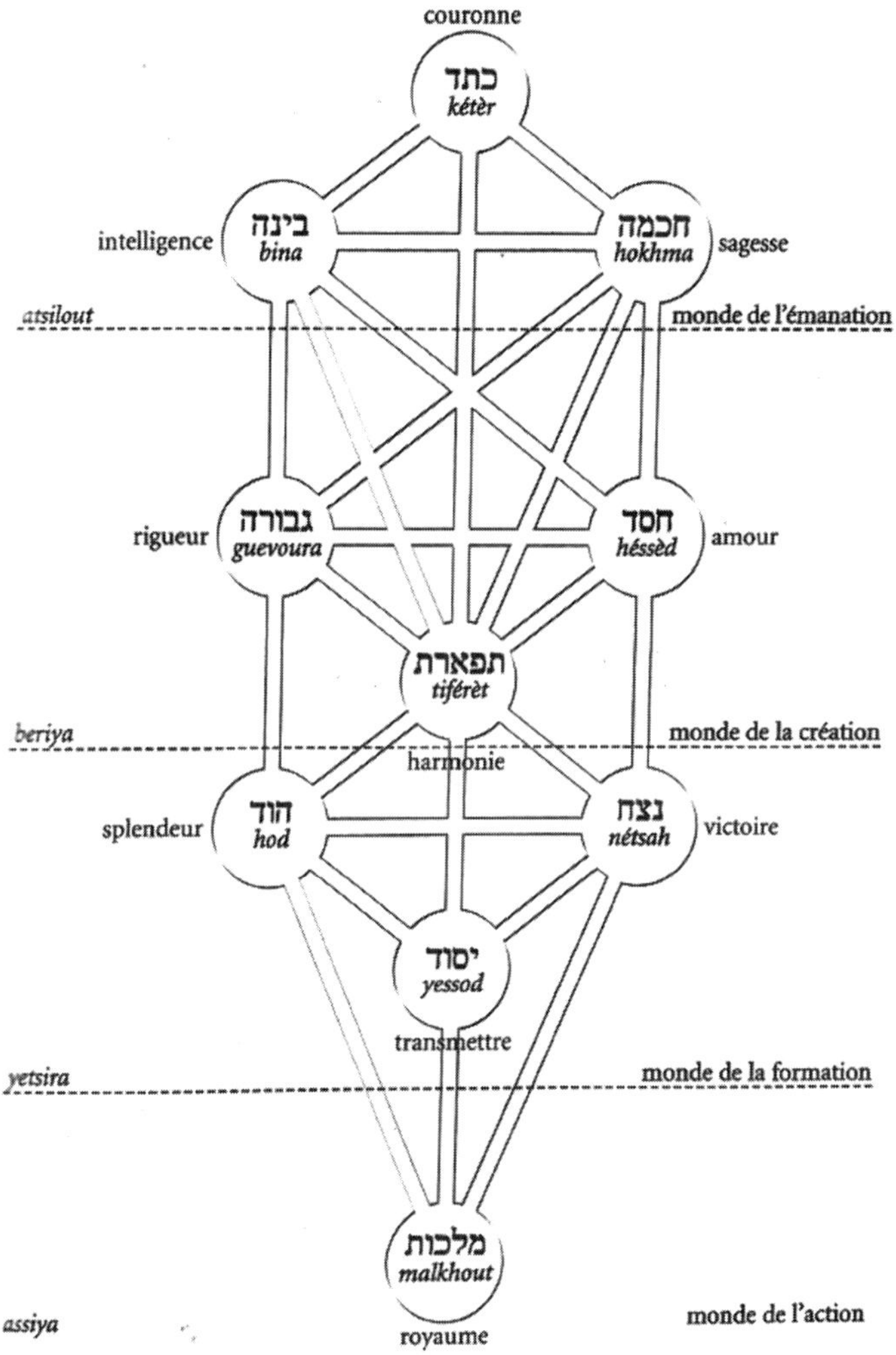

図３　セフィロート
（Marc-Alain Ouaknin, *Mystère de la kabbale*, Paris, Editions Assouline, 2000, p.225）

「他者の顔」として記述されるものです。この神名はまた、天地（世界）の手前に撤退することでもあります。そのため、ユダヤ教ではこの発音不可能な、יהוה（YHVH）の神名が出てくると、「アドナイ」という別の神名で呼ぶことになっています。

次いで、י（Y／I）、ד（D）、ו（V）、ה（H）の四つの文字は、さらに内側から展開して、最終的に二十二の文字を形成します。しかしこれも、神のエネルギーの外への展開が便宜上二十二個で止まっているだけで、それが五十になっても百になっても構いません。神には何の制限もありませんから、いくらでも形を取ることができます。それは、文字と同じく神の内部の中間界（C領域）を形成する十個のセフィロート（図3）も同様です。

それは、ユダヤ的思惟が固定的な理性の論理ではなく、柔軟で融通無礙な生命の論理に従うからです。固定的な論理とは西洋哲学を支配するギリシャ的論理であり、動きを止めた、静止したものの論理です。同一律と矛盾律がその基本ですが、そこではもっぱら動き（生成変化・自己産出）からなる生命は排除されています。これに対してユダヤ的論理は生命とその産出の論理であり、まさに動き（自己を生むこと）、変化そのものであり、そこにはそれ自体は静止した「動くもの」は介入しません。それは哲学ではベルクソンの「純粋持続」にあたります。ベルクソンはある講演集を『思惟と動くこと』“*Pensée et mouvant*”と題していますが、この「動くもの（基体）」なき「動きそのもの」にその内部から触れることが彼の言う「思惟」です。カバラーとはまさにこの生命の思惟であり、生命そのものがその内部で、自らの現れである文字テクストを通して自己を経験することなのです。それが具体的にどのようなものかは、後で神の文字テクストのカバラー的読解に即して詳しく見ます。

カバラーは、以上の神からの文字の生成、あるいは神の二十二の文字としての自己形態化の結果として、その文字テクストを通して神そのものに直接触れることができるのであり、その「事象そのもの」の直接経験という性格が現象学と重なってくるのです。現象学とカバラー解釈学のこの交錯の中でレヴィナスの現象学が成り立ちます。

また、以上の過程は図1の中間C領域で起こっている出来事です。頂点のB、神そのものが、自己の内部のC領域において二十二の文字として展開しますが、それがA（神の外部の天地＝地平世界）との境界線上に現れます。こうして文字はこの世界の中で形として見える一方、神そのものの自己限定として、その内部には地平世界には現れない（理解できない）無限の意味が潜在性として隠れているのです。レヴィナスの現象学ではこの境界線上に現れた文字テクストが他者の顔であり、それは世界の中でイメージとして知覚されると同時に、神そのものの直接的な、レヴィナスの言葉では「裸の」現れとして、無限の奥行きを秘めています。

ちなみに、このカバラーの文字発生論、神＝生命の文字としての自己産出＝自己多様化が、密教の法マンダラ（図4）でも表現されています。それは、第一章の最後に生命の自己触発／自己産出の一例として挙げた胎蔵マンダラの「一即多」の現象化構造が、諸仏に代わって文字で表されたものです。

図4　法マンダラ

③ トーラーの形成

次に、二十二の文字が生命の融通無礙の論理に従って組み合わさり、現在のトーラーの配列に結びつきます。しかしそれは、たまたまこの配列になったのであって、組み合わせがあらかじめ決まっていたわけではありません。他の結びつきの可能性は無数にありました。そしてこれからもありえます。つまり、トーラーは律法であり、それに従うユダヤ教は倫理的宗教だと言われるのですが、倫理は文字の組み合わせの一つの可能性に過ぎないということです。これは極めて重要なことです。トーラーの配列はいつでも分解され、それを構成していた断片としての文字はバラバラにされて、C領域の中を無礙に遊動します。そしてまた他の文字と偶然に別の配列で結びついて、新たな意味を形成しうるのです。

トーラーの配列に組み合わされたこの段階でのテクストを「神のトーラー」と呼びます。それはまだ神の側にあって人間には読めないからです。人間に読めるようになるには、そこに空白の切れ目（余白）が入ることで分節化されねばなりません。そうして出来上がったテクストを「モーゼのトーラー」と呼びます。モーゼは人間ですが、神に召命された預言者だからです。

しかし、これでもまだテクストを読むことはできません。先に神名に関して触れたように、様々な単語に分節化されたテクストを理解するためには、それが発音されねばならないからです。

ヘブライ語は他のセム系言語と同じく子音だけで書かれており、一義的に意味させて理解するためにはそれを発音することでさらに限定せねばならないのです。

　こうして長い過程を経て、神は聖典トーラーとして現れ、文字として見えるだけではなく、テクストとして読めるようになり、さらに倫理的に意味するものとなりました。それは子供が母胎から誕生する出来事に比すことができるような出来事であり、トーラーの成立も神＝生命の自己産出の結果なのだということを示しています。そして（不思議なことに）ヨッドの形は胎児をイメージさせます。神からの最初の文字ヨッドの発生は受胎をイメージさせるのです。ここにもユダヤ的思惟の生命論的性格が表れています。

　天地創造以前の神の内的自己顕現、つまり「第一の創造」はこのようなものです。そしてこれが受肉を一つのモデルとするアンリの生命の現象学に欠けていたものなのです。ではそれを通して神そのものがどのように経験されるのでしょうか。今度はその神に向かう上昇の論理を明らかにしていきましょう。

(3) テクストのミドラシュ的解釈

① ミドラシュとは何か

「第一の創造」は、神そのものがその内部で文字として自己分節化して現れ、それがトーラーの律法テクストを形成することでした。神の言語は、文字に始まって、それらが組み合わせられて下方に降るに従って次第に限定され、人間の理解に近づけば近づくほど意味の潜在的なエネルギーを失っていきますが、そのエネルギーはそれだけ文字の中に凝縮し、隠れていきます。そうしてようやく人間に読めるようになりますが、その読み方が問題です。それは無限の意味の奥行きを秘めたものとして、人間的言語で書かれた普通の本のように単純に読んで一義的に理解すればいいものではないからです。このような一義性を目指す、現象学的には地平的な読み方は、カバラーから見れば神を覆い隠す偶像崇拝に他なりません。

　このような素朴な読み方が聖典テクストを一義的に理解しようとするのとは全く逆に、カバラー的な読解は、全くの逆説に見えますが、このテクストを理解しないように読むことにあります。というのは、カバリストの目的は、この読解によって人間の理解による限定を解除することで神そのものに接近することだからです。ここではテクストは読めば読むほど分からなくなる暗号なのです。

　ユダヤ教では、トーラーのテクストのこのような超絶的な読解を「ミドラシュ」と呼びますが、「ドラシュ」とは「探られる意味」を指します。トーラーのテクストは神の現れとして無限の意味の奥行きを持ちますが、それが四つの層に分けられます。①プシャット（文字通りの意味）、②レメズ（寓意的意味）、③ドラシュ（探られる意味）、④ソッド（秘密）の四つで、それぞれの頭文字を合わせてPRDS（楽園）と呼ばれます。トーラーとは神の内部として「楽園」であり、それを解釈することはその中に次第に深く入っていくことなのですが、それは極めて危険なことなのです。タルムードの中に、この危険を伝える有名な物語が収められています。四人の賢者（ラビ）が「楽園」、つまりトーラーの中に入って行きましたが、一人目は死に、二人目は発狂し、三人目は異端者となり、四人目（ラビ・アキバ）だけが無事出てきたというのです。

また、ミドラシュ解釈学の伝統では、この読解をエロス的な「愛撫」になぞらえます。恋愛において恋人を愛撫する時、恋人は理解され、所有されるのではなく、愛撫されることによって逆に隠れてゆきます。そこにエロス的な経験が成り立ちます。そしてその愛撫が新たに子を生むように、ミドラシュ的読解は新しい意味を生むのです。ここに、神が生命であることが表れていますが、これをレヴィナスは、他者の倫理的な顔の彼方に向かう「エロスの現象学」として現象学的に記述しています。

②　解釈の技法

このように、文字テクストに含蓄された神の秘められた意味可能性をその解釈によって瞬間的に解き放ち、それによって神そのものに接近してゆくのがカバラーの解釈学ですが、その技法には次のようなものがあります。

まず、最も代表的なものが「ゲマトリア」です。これは文字テクストを数字に変換する技法で、二十二個のアレフベイトの各文字がそれぞれ数値を持つヘブライ語の特性に基づいたものです（図2を参照）。それは暗号解読に似ていますが、先に言ったように、暗号を解読するというよりも、むしろ分からないようにすることです。それはまた、数に隠された意味を探る数秘術とも異なります。ここでは、文字を数に変換するのはその文字の真の意味を明らかにするためではなく、それと同じ数値を持った別の言葉に置き換えるためなのです。それによって、同じ一つの言葉が無理やり文脈を移されて（跳躍させられて）、元の文脈での意味とは異なる新たな意味作用をすることになります。これが「子を生むこと」になぞらえられます。元の文脈に留まったままであれば、同じ言葉に別の意味作用をさせることはまず不可能でしょう。文脈は意味を一義的に固定させることにあるからです。カバラーにとってそれは神の生命を枯渇させることを意味します。

ただ、誤解されやすいのでより正確に言えば、ここでは発見された新しい意味が問題なのですらありません。そうではなく、すでに地平内で意味し、理解されてしまった古い意味（レヴィナスはこれを「言われたこと」le dit と呼んでいます）をゲマトリアを使って撤回し、同じ数値を持った新たな意味を発見する（レヴィナスはこれを「言うこと」le dire）と呼びます）時、古い意味から新たな意味の「間」に、文字を数値に変換することによる無意味の断絶があるわけですが、この断絶による全く未知のものへの跳躍こそが問題なのです。その跳躍の結果、新たな意味が発見されますが、それが新しいものではあっても「意味」として理解された途端、それ自体が生命を妨げる偶像となってしまいます。それを再び撤回し、さらに新たな意味へと跳躍することと、それこそが生命＝神をその内部から経験することであり、カバラー解釈学の目的なのです。

ところで、ここで「文脈」というのは現象学的に言えば「地平」のことです。ゲマトリアは文脈＝地平の連続性を断ち切り、その中で配列を固定され、同じ一つの意味作用しかしなかった文字を断片化させることでもあります。後で述べるように、十六世紀にパレスチナで活動したカバリスト、イサク・ルリアは、この断片化を「シェビラー・ハ・ケリーム」（器の破壊）と呼びます。こうして解放された断片を新たに結びつけ直すことで同じ文字から新たな意味を引き出すことができます。これを「ティクーン」（修復）と呼びます。このような古い文脈＝地平を破壊し、瞬時にして別の文脈＝地平を形成して新たな意味を解放することだけが、この解釈技法の目的なのです。しかし、新たな文脈＝地平の中で生まれた新たな意味は、すぐさま一義的な固定した意味になってしまうので、それを改めて破壊し、文字の中に秘められた神の生命のエネルギーをさらに解放せねばなりません。この作業が続いていきますが、これこそがカバラーによる神の生命の経験なのです。そしてそれは、カバリストの生命が新たになることであると同時に、神＝生命がカバリストのテクスト読解＝愛撫を通して自分自身を生み出すこと、生の自己産出に他なりません。

このミドラシュ的読解を、私の師であるラビ・ウアクニンは「炸裂させる読解」（lire aux éclats）と呼んでいます。éclater とは炸裂させること、éclats とは炸裂して飛び散った破片で、文脈の中で地平的な意味を持った文を何らかの方法でそれ自体は意味を持たない破片にまで解体し、それを別の配列に組み合わせて、そこに新たな意味を生み出すことです。

ちなみに、この“lire aux éclats”（炸裂的読解）という表現は“rire aux éclats”（爆笑する）という言い回しのパロディになっています。日常的な意味を瞬間的に解体することは、公案禅のようなナンセンスの経験として「爆笑」を誘うのです。このことは、ヘブライ語の「ホクマー」（知）という言葉（これはセフィロートの中の第二セフィラーでもあります）が同時に「ジョーク」を意味することからも理解できます。ユダヤ的生命の融通無礙な性格がここにも表れているのです。

この「炸裂させる読解」は、炸裂と言われるように極めてダイナミックな出来事で、後で見るように、神の無限の強度を持った光を受け止めきれずに炸裂することでもあります。それは、神＝生命が、その自己顕現である文字テクストをいわば跳躍板として自己を新たに生む、生命の内在的現象学なのです。これがこの章の最初に言った、レヴィナスの倫理的現象学の背後にある生命の形而上学です。

ミドラシュ的解釈の技法としては、ゲマトリア以外に「ノタリコン」と「テムラー」があります。ノタリコンとは、ある文を任意に断片に分割して、それらの断片を最初の文とは別の順序で結合させて新たな文を作り出すことです。ここでも手段は破片への分解とそれらの組み合わせです。そして最後にテムラーは一つの語を形成する文字の順序を入れ替えることです。これら二つの技法もゲマトリアと同じく、同じ文字テクストの中に隠された神の意味（生命）エネルギーを解き放ち、神そのものを経験する作業です。

③　ミドラシュ的解釈の例――ノアの物語のカバラー的読解

ここで、少し長くなりますが、ミドラシュ的読解の例として、「創世記」にあるノアの物語のバアル・シェム・トヴ（十八世紀ウクライナで活動したハシディズムの師）による解釈と、それに付されたラビ・ウアクニンのコメントを紹介したいと思います（Marc-Alain Ouaknin : *Tsimtsoum—Introduction à la méditation hébraique*, Paris, 1992を参照）。

ノアの箱舟、それはまさに滅びの後の未来の物語です。まるで現在の世界のように、ノアの時代にも人類は滅びの過程にあります。そこでどんな未来がありうるのか、それがノアの物語のテーマだと言えるでしょう。

まず「箱舟」という言葉は、ヘブライ語でtevaといいます。神はノアに、人類世界を覆う「暴虐」を逃れるべく（「創世記」六－十三）、tevaを作るように命じます（六－十四）。「創世記」から引用します。

すべて肉なるものを終わらせる時がわたしの前に来ている。彼らのゆえに不法（暴虐）が地

に満ちている。見よ、わたしは地もろとも彼らを滅ぼす。（六－十三）

そして、

あなたはゴフェルの木の箱舟（teva）を作りなさい。（六－十四）

そこで神は、箱舟（teva）を作るための指示を与えます。

次のようにして箱舟（teva）を作りなさい。箱舟の長さを三〇〇アンマ、幅を五〇アンマ、高さを三〇アンマにし……。（六－十五）

この三〇〇、五〇、三〇という箱舟の寸法を表す三つの数字は、それぞれ shin（300）, noun（50）, lamed（30）という三つのヘブライ文字にその数値において合致します（ゲマトリア）。次いで、これら三つの文字の順序を入れ替えると、lamed-shin-noun ＝ lachone という語が出来上がります（テムラー）。

そしてこの lachone という語は、「舌」と「国語」を意味します。

このカバラー的読解によって、バアル・シェムは、「暴虐から逃れるためには、文字通り（の物語にあるように）箱舟（teva）に乗るのではなく、語（teva）の中に入り込み、そのあらゆる次元と深さを見いだすのでなければならない」ということを読み取っているのだとラビ・ウアクニンはコメントしています。「すべての語の厚みの中に、そしてそれ自体がまた諸々の語からなるすべてのヘブライ文字の中に入り込むこと」。それが「あなたは teva を作りなさい」という神の命令の意味なのです。

さらに読解を続けると、これもカバラー的解釈の特徴のひとつですが、間テクスト的読解が行われます。さきほどの teva、箱舟の作り方に、次の命令が続きます。

箱舟には小部屋をいくつも作り、内側にも外側にもタールを塗りなさい。

（「創世記」六－十四）

ここで「小部屋」と訳された語ですが、これは qnim（キニーム）という語で、「（鳥の）巣」という意味もあります。ここで、巣→鳥への連想的つながりが出来上がり、teva ＝言葉と qnim ＝巣→鳥との間に関係が設定されます。

さらに、ノアは、水が引いたかどうか確かめるためにカラスと鳩を放ちます（八－七—十二）。ここにも箱舟＝言葉と鳥との連想的繋がりが見られます。では、言葉と鳥のこの結びつきはいったい何を意味するでしょうか。

これは、通常の文脈の中での（現象学的には地平的な）意味作用ではありません。数字や連想を使って、いったん意味の地平を断ち切って初めて可能になる新たな、跳躍する、あるいは鳥のように飛んでくる無礙な意味作用です。まさに空を飛び回る鳥のイメージです。これは、この意味作用が語に外的につけ加わるのではなく、語そのものに内在している潜在的な意味を解き放つということを表しています。こうして、ユダヤ的読解は果てしなく続いていきます。

(4) 神の内的自己時間化

① イサク・ルリア

文字テクストによる自己媒介に加えて、神の自己顕現（自己産出）を単なる自己触発としてではなく、多様な現象として実現するためのもう一つの契機が時間です。ただしそれは従来の現象学で考えられてきた、世界内の対象を構成して意味付ける意識の時間や、存在者の存在を顕わにする実存的時間ではなく、神＝生命そのものが、外から媒介されることなく、自己の内部でおのずから現れる時間化です。それは、イサク・ルリアによって「ツィムツム」（神の収縮）として神話的に物語られました。これは近代カバラーの礎となった画期的なもので、レヴィナスの現象学の基礎にあるものです。

イサク・ルリアは十六世紀に現在のイスラエルのツファットという小さな町で活動したラビであり、カバリストですが、「ツィムツム」の教説は、上に説明した神の内部の文字の発生（創造）とその読解（啓示）による神への回帰（救済）を、過去・現在・未来の三次元にわたる神の時間化として壮大な神話的物語で語ったものです。

この教説はルネサンスのキリスト教カバラーを介して西洋哲学の中に導入され、ヤコブ・ベーメやフランツ・フォン・バーダーらの神智学者を通じてドイツ観念論にも影響を与えています。とりわけシェリングは、彼の問題的な作品『世界世代』を、未完ながらこのカバラー理論を下敷きにして書きました。さらに、シェリングのこの構想が、ユダヤ系ドイツ人のヘーゲル研究者・哲学者フランツ・ローゼンツヴァイクの『贖罪の星』を通じてレヴィナスの『全体性と無限』に伝えられたのです。他方で、十八―十九世紀ポーランド（現ウクライナ）のハシディズムの師、ブレスラウのラビ・ナハマン（バアル・シェム・トヴの曾孫）は、このルリアの理論を実存的カバラーとして展開しました。

「ツィムツム」で物語られているのは、現象学的に見ると、時間化と言ってももちろんフッサールの内的時間意識の分析やハイデガーが『存在と時間』で展開した実存の「脱自的時間」とは異なる、より深いレベルでの神＝生命自身（実在そのもの）の内的な自己時間化です。したがってそれは、超越論的自我や現存在のさらに深部で、それを通して神そのものが現れるような「自己」の時間化です。後で詳しく見ますが、レヴィナスは『全体性と無限』で、自己意識によって表象される以前のこのリアルな自己を「分離された自己」とし、それが他者の顔に対面して責任の主体として覚醒するさまを現象学的に記述します。この他者の顔との直接の対面の出来事が神そのものの自己顕現なのですが、それがツィムツムの根源的な時間化によって志向性の地平を突き破って生じるのです。その時間化は次のような三つの次元からなっています。

② ツィムツム・シェビラー・ティクーン

i ツィムツム（神の収縮／過去／創造）

まず、ツィムツムとは、先にカバラー一般の特徴として言ったように、神が「はじめのはじめに」、つまり天地創造以前に（現象学的には地平世界に先立って）自己の内部に「収縮」した（アレフが退却した）第一の創造の出来事です。天地創造以前には神しかいません。神が偏在しています。そこに、神が神の「他者」に場所を開けるために自己の内部に収縮します。ただし、神の「他者」といってもこれは神の内部であり、まだ神以外には何も創造されていませんから、神自身が自己の内部で自己自身に現れたものです。これはアンリが生の自己触発／自己産出として記述したのとまさに同じ事態であり、またハイデガーの「現前」の同語反復とも共通した構造です。つまり、ツィムツムとは神話的に語られた「顕現しないものの現象」として考えることができるのです。そうだとすると、この神話的語りは、フッサール現象学の直観的な記述をはみ出す実在そのもの（神＝生命）の自己顕現を神話的想像力を使って記述したものとして理解することができるでしょう。レヴィナスが『全体性と無限』でこのカバラーを導入したのは、従来の現象学の直観的記述では他者＝神そのものには届かないからなのです。

その他者＝神そのものの現れは、大まかに次のような仕方で起こります。神が自己の内に収縮すると、そこに根源的な空間が開けます。そしてそこに、収縮して隠れた神から神の光が流れ込んできます。これは神が光になったものなので、法外の強度を持ったエネルギーですが、セフィロートの形を取って固まります（図3を参照）。セフィロートは十個のセフィラーが二十二本のパイプで結ばれた神の内部システムであり、樹木の形で表されます。これが「生命の樹」と呼ばれます。ここでは神の生命エネルギーは樹液に譬えられ、このシステムの中を流れ、循環します。この樹液の循環はさきほど指摘したユダヤ的思惟の融通無礙な柔軟性のメタファーとみなすことができるでしょう。ツィムツムのカバラーでは、樹液というかなりリアルなイメージの代わりに、神秘主義一般に広く行き渡った光のメタファーが使われています。神の光はセフィロートの形に凝固し、神の内部システムを構成しますが、各セフィラーはその中を流れてゆく神の光を受け止める「器」となります。

ツィムツムは時間の様態としては過去を表し、宗教的出来事としては創造を表します。ただしその過去は神自身の内在的な過去であり、決して天地（地平世界）の中での現在を通過した過去ではありません。それは、未だかつて現在になったことのない、常にすでに過ぎ去っている絶対的な過去です。また、創造も、先ほどから言っているように天地創造ではなく、それに先立つ神の内部で起こった第一の創造です。

ii　シェビラー・ハ・ケリーム（器の破壊／現在／啓示）　次に、セフィロートの十個の器の中にさらに神から光が流れ込んできて、器がそれを受け止めようとします。しかしこれも極度に強い神の光ですから、十の器のうち上位の三つはそれをかろうじて受け止めますが、第四セフィラー以下はそれを受け止めきれずに割れてしまいます。この出来事を「器の破壊」（シェビラー・ハ・ケリーム）と呼びます。ただし、ここで破壊というのは、先に言ったようにむしろ「炸裂」と言った方がいいようなダイナミックな出来事です。強度の光が器に流れ込み、器は炸裂して破片となって飛び散ります。この、破片もしくは断片となって飛び散るイメージが重要です。先に見たゲマトリアやノタリコンなどのトーラーのミドラシュ的読解はまさにこの炸裂＝断片化ですが、それはまた例えばデリダの「散種」のイメージにも重なります。テクストを脱構築することはシェビラーの一つの形なのです。いずれも、先にミドラシュのテクスト解釈に関して言ったように、意味を持った文を炸裂させて解体し、破片（文字）へと分解して、それらを無礙に組み合わせて新たな意味を生み出す点では同じです。それは文字に含蓄された意味エネルギーを解放することであり、その新たな意味が隠された、テクストの外の「真の意味」に向かうことは決してありません。テクストを跳躍的に読み替えることだけが目的なのです。それは解釈学というよりもむしろ脱構築です。本書ではミドラシュを便宜上解釈学と呼んでいますが、厳密にはそれは正確ではなく、むしろ脱構築というべきものなのです。

また、レヴィナスでは、私が他者の顔に対面する時、他者の顔は私の容量を超えており、私はそれを受け止めきれずに主観としては炸裂し、破壊されてしまいますが、これもシェビラーのイメージに重なります。

いずれにせよ、この破片、断片のメタファーで表されているのはユダヤ教解釈学のレベルでは文字に他なりません。先に神からの文字の発生で見たように、文字とは他の文字から切れた断片であり、それらがそれぞれ別個に神のエネルギーを含蓄しているのでした。そしてそれらが無礙に結びついて仮初に連続的な地平を形成することで、そこに一時的に意味が出現します。こうして初めて文字テクストが意味するのです。

シェビラーは時間の位相としては現在に対応し、文字が結びついて倫理的律法として啓示されます。神自身は限定なき生命ですが、それが現在のユダヤ民族に対してトーラーという倫理的な「顔」を向けるのです。この倫理的な顔がユダヤ教全体の特徴と考えられていますが、カバラーから見るならそれは生命が現在において限定されたものであり、過去（ツィムツム）と未来（ティクーン）には倫理はありません。このことはルリアのカバラーからシャバタイ・ツヴィの偽メシア運動とそれに続く反律法主義という極めて重大な帰結を引き出したのですが、今はそこには入りません。

iii　ティクーン（修復／未来／救済）

炸裂した器の破片（断片・文字）をつなぎ合わせて元の器を修復するのが最後の段階「ティクーン」（修復／贖罪／救済）です。これは、シェビラーの結果「間違った場所」に置かれ、本来あるべき場所から「ずれた」ものを然るべき場所に戻すことです。解釈学のレベルでは、無限の意味を含蓄させてはいてもそれ自体では意味しない文字の断片を集め、組み合わせて新たな意味を生み出すことに他なりません。それは「子を生むこと」を意味しますが、それによって未来の救済が早められるとされます。

そして、この救済を早める行為は、聖典の解釈だけでなく、あらゆる人間がそれぞれの仕方で行うことができると考えられるために、救済とは単にメシアの到来を受動的に待つだけでなく、各人がその行為によってメシアになり、救済を実現する可能性を持っているということを意味します。それはいわば実存化されたメシアニズムなのです。この実存的ティクーンをレヴィナスは『全体性と無限』の最終章でエロスを介した「多産性」（fécondité）として記述しています。

このように、カバラーとは神を根源的な生命として経験するものであり、顕教的ユダヤ教の倫理的律法はその自己限定とみなされます。その生命の自己限定は、アンリが記述した受肉と同じく、天地創造以前に神＝生命がその内在において自己を生んだ出来事（自己産出）ですが、カバラーの場合は、神は息子を生む代わりに二十二個のヘブライ文字を生み、それが組み合わさって律法のテクストができたと考えるのです。この文字テクストの中をミドラシュ解釈学によって探ることこそがカバラー、つまり神＝生命そのものの直接的な経験なのです。カバリストにとって、神が自己の内に生み出した、つまり第一に創造した文字テクスト（図1のC領域）こそが真にリアルな世界なのであり、その後で創造されたこの世界（A領域）はその一つの限定に過ぎません。

そして、この文字の産出による生命の自己顕現は、天地創造に先立って神＝生命そのものが顕わになる内的自己時間化であり、それをルリアがツィムツムの教説として神話的に物語ったのでした。生命は固有の時間化において文字テクストとして自己顕現します。この、生命の倫理を通した現れを現象学的に記述したのがレヴィナスの「顕現しないものの現象学」なのです。

2　レヴィナスの現象学

レヴィナスは、フッサールからハイデガー、サルトル、メルロ＝ポンティに至る従来の現象学では接近できなかった「他者そのもの」を初めて現象学的に明らかにしましたが、それを、ルリアのカバラーを現象学に導入することで行いました。レヴィナスはもっぱらトーラーとタルムードの顕教的ユダヤ教に依拠しているように見え、カバラーとの関係についてはほとんど語らないため、一般的には否定的な意見が多いですが、彼の議論の根底にはツィムツムの理論があります。

彼はヴォロズィンのラビ・ハイムについての文章の中でルリアのツィムツムに触れており、また、エルサレムでカバラー学の泰斗ショーレムに会い、カバラーの研究を勧められたというエピソードもあります。いずれにせよ、ルリアのカバラーの根本的な影響は『全体性と無限』の構成に明らかに見て取ることができます。

①「内部性とエコノミー」＝ツィムツム
②「顔と外部性」＝シェビラー・ハ・ケリーム
③「顔の彼方」＝ティクーン

ルリアの理論に従ったこの構成は、先に言ったように、直接的にはローゼンツヴァイクの『救済の星』から取ってこられたものなのですが、ローゼンツヴァイクはその着想をシェリングの『世界世代』から得ています。そしてシェリングはそれを、ドイツの神智学を経由してキリスト教カバラーから取り入れたのです。

以上のことを踏まえて、カバラーからレヴィナスの現象学を見る、というよりも、むしろルリアのカバラーの現象学化としてレヴィナスを見ていきます。

ルリアによれば、神はその内在において、過去・現在・未来の三次元の時間を通じて「そのもの」として姿を現すのですが、レヴィナスはこの壮大な神顕現を現象学的に、他者そのものが直接私の面前に現れること、「原現前」する出来事として記述します。これは極く日常的で単純な経験にも思えますが、実際にはリアルな他者そのものを、それを受けとる媒介なしに被ることであり、われわれの通常の経験の枠を超えています。それは神話的に物語らねばならないほどに法外な強度を持った非日常的な経験なのです。厳密にはそれを「経験」と呼ぶことすらできません。それは経験を破壊する、ルリア的に言えば炸裂させる出来事です。それゆえに、われわれは日常、意識（志向性）を媒介とした表象の世界の中でリアルな他者そのものを隠蔽し、忘却しています。その世界の地平を突き破って、世界内のものとは異なる、顕現しない／目立たない仕方で出現する他者そのもののリアリティを表現するために、レヴィナスは「顔」という言葉を使います。

　レヴィナスにとって、他者の顔が私に直接対面し、「裸形で」リアルに現れていることは、具体的には、それが私に「汝殺すなかれ」と倫理的に命令してくることです。現象学的に言えば、それは志向性の地平的な意味に守られていないということです。それは剝き出しでそこに晒されています。それと同時に、私もまたその顔に晒されています。いわゆる「顔」という地平上で一般化された意味ではなく、リアルな顔そのものが面前に迫ってきます。地平の中に現れる、通常の「意味」という覆いを被った状態では、顔は「汝殺すなかれ」という一般的な命題として意味し、理解されます。それは客観的な命題として誰にでも等しく妥当します。他方、裸で私に対面し、地平的な意味を剝《は》がれた顔は、同じ「汝殺すなかれ」でも、ただ一人のこの私に向けられた命令として意味するのです。それは理解されるどころか、法外な力を持って私を襲ってきて、主観としての私を破壊するに至ります。同じ「意味する」と言っても、前者の命題は地平に送り返す極く普通の意味作用ですが、後者の命令は地平とは分離されて、それだけで意味する「自己意味作用」(auto-signifiance)なのです。レヴィナスはこの他者の顔の自己意味作用こそがあらゆる地平的意味の起源だとさえ言っています。志向性と地平的意味の起源を探る内的時間意識の分析では、それは、原印象が過去把持に媒介されて現れる(意味する)か、過去把持の志向性から分離されて原印象だけで現れる(自己意味する)かの違いです。従来の現象学は前者の知覚をモデルにしてきましたが、それでは原印象において現れる裸の顔のリアリティに届かないため、それに代えてレヴィナスはユダヤ的な律法の文字テクストとその解釈(脱構築)をモデルとするのです。

この、志向性を介した他者の表象から裸形のリアルな他者の顔へ、知覚から律法の文字テクストの解釈へと次元を転換させるために、レヴィナスは、従来の還元と志向性を介した構成に代わる新たな現象学の原理としてルリアのツィムツムの教説を導入します。そこでさしあたり鍵になるのは、「内在」と「超越」という現象学の基礎概念をどう理解するかです。

(1) ツィムツム

① 反還元としてのツィムツム

まず、第一段階のツィムツムは、ルリアの物語では神が自己の内部に収縮することであり、それによって「無の空間」が開けたのでした。それはレヴィナスでは、従来の現象学がそこで展開してきた自己の外部の地平的世界から、その手前の自己の内部に退くことであり、意識から生命の内在へと還元の方向を転換させることです。そこで初めて、従来の現象学には隠されていた、いわば世界の裏側の現象野が開かれます。それがユダヤ的な文字テクストからなる次元であり、レヴィナスの現象学は全てここで展開するのです。

この現象野をレヴィナスは現象学的に「内在」として記述するのですが、それはルリアの「神の内在」を現象学に導入したものであって、フッサールが主題にしたような「意識の内在」ではありません。

② フッサールの「意識の内在」

「内在」は、対象がそこで現れる主観的な体験の次元として、現象学の基本概念の一つです。フッサールの内在は意識の内在であり、彼の現象学的還元はもっぱらこの意味での内在に向けて行われます。しかしそれは、顕現しないもの＝リアリティの現象学からすれば不徹底な還元です。フッサールはまずデカルト的な内在への還元を行いますが、その二元論的な素朴さを克服すべく、さらに還元を徹底して意識の受動的な基底である内的時間意識に至ります。第一章で見たように、その核となるのが原印象であり、それを通してフッサールの内在は意識の根底で意識をはみ出す「実在（神、他者）そのもの」に接近してゆくのですが、実在そのものへの唯一の突破口である原印象は、せっかく発見されても、すぐさま過去把持の志向性を介して対象の現れとして構成されてしまいます。つまり、内在は、原印象を通して意識からさらに実在そのものにまで遡る可能性を秘めているのですが、フッサールはそこで還元を停止させて地平的世界に引き返し、もっぱら世界の現象のみを主題として、実在そのものの「内在」の次元を封印してしまうのです。これは、彼がデカルト的内在／超越の図式から完全には逃れていなかったことを示しています。

フッサールは、この還元された意識の内在から地平世界に引き返して構成された対象を「内在的超越」と呼んでいます。意識（内在）とは、世界（超越）と区別された実体ではなく、世界がそのまま現れている事態に他ならないこと、それがここで「内在的超越」という言葉で表現されていることです。従来の現象学ではそれこそが「事象そのもの」であり、その発見は確かに現象学以前の哲学にとって革命的なことでした。しかしそれが本当に「事象そのもの」なのかが「顕現しないもの＝リアリティ」の現象学で問題になっているのです。

③　ツィムツムによる「神の内在」

「内在」そのものは、このフッサールによる超越（世界）への引き戻し、つまり志向性を解除すれば、原印象を通して意識の内在のさらに底に深まってゆく可能性を持っています。フッサールが停止したこの地点から実在そのものの内在にまでさらに徹底して遡行していく新たな、徹底化された反還元として、レヴィナスはルリアのツィムツムを導入します。この反還元によって開かれたリアルな内在において、世界内の何らかの対象の超越ではなく、絶対的超越、つまり神＝他者そのものが直接、自ずから現れてくる可能性が開けるのですが、それをレヴィナスは新たな意味で「内在的超越」と呼びます。そして、意識、志向性を媒介しないがゆえに法外な強度をもつこの神＝他者そのものの現れを、ルリアの神顕現の第二段階、シェビラー・ハ・ケリーム（器の破壊）として説明するのです。

(2)　シェビラー・ハ・ケリーム

①　構成から対面へ

ルリアの物語では、ツィムツムで神が自己の内部に収縮するとは、唯一の神が徹底して一に向かって凝縮してゆくことを意味します。そして極限まで収縮した一が、その充溢に耐えきれずに炸裂し、二十二の文字となって拡散します。それがシェビラー・ハ・ケリームでした。このように一者が自己炸裂して自ずから現れることは、レヴィナスの現象学の根底にある基本的な出来事であり、他者とそれに対面する自己のそれぞれの側で起こります。一方で、自己の側では、自己意識としての自己がその内部で一者へと収縮していき、他者へと場を開きます。他方で、そうして開かれた空間の中で一が炸裂してできた二十二の文字から律法のテクストが形成され、それが顔として現れ、倫理的に自己意味します。こうして自己と他者の直接的な「対面」が成り立ち、他者「そのもの」が現れてきます。この「対面」こそ、フッサールで「意識の内在」において、対象という地平的な「内在的超越」が構成されるのに代わって、その手前の「神の内在」において、他者という垂直の「内在的超越」が現れてくることなのです。構成に対面が取って代わり、綜合に炸裂が取って代わります。

したがってそれは、「神の内在」という言葉で連想されるような、私が自己滅却して神の内部に融合するような神秘的な出来事ではなく、あくまでも他者から分離さ﹅れ﹅た﹅私に他者の顔が直接対面してくること、現象学的には他者そのものが「原現前」していることに他なりません。

② 顔の命令――「汝殺すなかれ」

この裸の顔の原現前を私は知覚することはできません。それを受け取るいかなる媒介（意識の志向性）もないゆえに、それは直接、圧倒的な力で一方的に現れてきて私のまなざしを飽和し、炸裂させます。具体的には、地平的な意味によって意味づけられない裸の顔は、他者の人格の代替不可能な唯一性を表し、また、その「貧しさ」、「無防備さ」、「傷つきやすさ」を表します。この、知覚とは異なる、顕現しない／目立たない仕方で現れる（原現前する）他者の裸形の現れを、レヴィナスは様々な文学的な表現で記述しますが、例えば「皺」という極めてリアルで印象的な言葉を使っています。顔の皺は対象の性質として知覚され、志向性を介して意識の中に回収されるのではなく、逆に、「貧しさ」、「無防備さ」、「傷つきやすさ」といった他者そのものの剝き出しのリアリティの現れとして私を触発し、意識から責任の主体へと収縮させます。

このような顔の表象不可能なリアルな現れは、根本的に私に「汝殺すなかれ」と倫理的に命令してきます。地平上で一般的な意味を通して知覚された他者は「もの」として殺すことができるかもしれませんが、例えば「皺」を通して、あらゆる地平を断ち切ってそれだけで自己意味する唯一の、貧しく、無防備な他者の顔に面してそれを殺すことはできません。というよりもそれは無条件に禁じられているのです。このような、意識の志向性を通して主題的には現れないが、その裏で密かに命令してくる裸の顔が、レヴィナスにおける「顕現しないもの」の現象なのです。

③ 自己の収縮――「他者の‐ための（代わりになる）‐一者」(l'un-pour-l'autre)

このように、唯一の顔の現れは私の容量（志向性）を超えており、私はそれを受け止め切れずに炸裂します。それは、世界を構成する主観（自己意識）としての私が、もはや自己のうちにいかなる差異も含まない、徹底して一なる自己へと凝縮・収縮していくことです。そしてその果てに「核分裂」を起こして炸裂するのです。

主観としての自己、つまり自己意識は、自己と自己の間に差異を孕んでおり、その差異を介して志向性が働き、自己を構成します。そしてそれに基づいて自己の外部の世界内の諸対象を志向性を通して構成し、表象するのです。自己が他者を見る時、この表象のメカニズムによって他者は自己の内部に回収され、その他者性を失います。つまり自己に同化され、全体化されるのです。

この自己意識が解体されて自己が自己の内部へ撤退してゆくことは、自己意識を構成する二元性の手前の一へと収縮していくことです。レヴィナスにとって、この一なる自己こそがリアルな自己なのです。それは、二元的な自己意識へと展開してゆく萌芽的な差異すらも含まないラディカルな一であり、もはや自己の外部に働きかけることはできない、完全な受動性です。ただしそれは受動的な意識ではなく、「いかなる受動性よりも受動的な」、リアルな私の受動性なのです。ここの私は他者の顔に面してそれを見ることなく、それにひたすら身を晒すしかありません。ここで初めて他者の顔の「皺」が現れてきます。それは、これまでは知覚された顔のイメージの影に隠されていたのですが、今や「汝殺すなかれ」という命令として唯一の私に一方的に迫ってきます。私はもはや主格ではなく対格に収縮し、その命令に無条件に従うしかないのです。それが一者の「核分裂」、もしくは炸裂と言われていることです。

このように、極限の一にまで収縮した時、自己は他者を（そして自分自身も）表象することをやめ、他者に向けて炸裂＝核分裂するのですが、それは具体的には他者の「身代わり」(substitution) になること、または「人質」(otage) になることです。それは、「他者の－ための（代わりになる）－一者」(l'un-pour-l'autre) という言葉でより正確に表現されるような強烈な出来事です。それは、レヴィナスも言っているように、常軌を逸した「一握の狂気」なのです。

(3) ティクーン

① 修復と解体

ルリアのカバラーの第三段階はティクーンでした。それは「修復」を意味しますが、シェビラーで炸裂した器の破片を貼り合わせて元の器に戻すことです。そしてそれがメシアニズム的な「救済」を意味するのでした。メシアニズムはメシアの到来を「待つ」ことですが、ルリアの近代的カバラーでは、従来のユダヤ教のようにそれを受動的に待つのではなく、各人が能動的にティクーンを行うことによって救済が早まると考えるのです。それはテクストの解釈だけでなく、実際の行動によっても行われます。

テクスト解釈（脱構築）では、シェビラー、器を破壊することは、文字テクストの発生と同時に、テクストの既成の意味（解釈）を解体し、断片化された文字を新たに組み合わせることによって新たな意味を探ること、つまりミドラシュ的解釈の実践を意味しますが、ティクーンはそれによって発見された意味のことです。その意味が既成の意味として固定してしまうと、それは再びシェビラー、解体されねばなりません。このようにしてミドラシュ解釈は神の深みへと次第に入ってゆくのです。レヴィナスでは、このテクスト経験が、倫理的顔の命令から顔の彼方のエロス的な次元への転換として記述されています。

② 倫理からエロスへの転換

対面におけるリアルな、裸の他者の顔の現れはあくまでも倫理的な律法であり、「汝殺すなかれ」という神の絶対的な命令でした。この謹厳実直な倫理的顔が、『全体性と無限』の第四部「顔の彼方」に入ると、驚くべきことに「恋人の卑猥な顔」に豹変します。倫理がエロスに一気に転換するのです。ここで、神のツィムツム的内在は胎蔵マンダラと同じく母胎を表し、タントラ的な様相を呈してきます。この転換はレヴィナスの哲学の最も面白いところで、彼の倫理が（あるいはユダヤ教が、と言ってもいいですが）カバラーを背景とすることで単に厳格な倫理に過ぎないのではなく、その根底において生命の経験であり、しかもそれはエロス的な恋愛として経験されることが明らかになるからです。このエロス的な側面、つまり新たな意味の産出が欠ければ、律法は文字通りに受け止められねばならず、暴力に転化してしまいます。

ちなみに、この律法からエロスへの転換は、先に紹介したセフィロートにも表れています。ユダヤ教の神は、カバラーから全体として見ると二つの相反する側面を持っているのですが、それがセフィロートの左の軸と右の軸で表されています（図3を参照）。左の軸は第五セフィラー「ゲヴラー」もしくは「ディン」（力、裁き、厳格）、右の軸は第四セフィラー「ヘセド」（愛、寛容）に代表されます。レヴィナスが記述する神の倫理的顔からエロス的顔への移行は、神のこれら二つの側面の間の移行と考えることができるでしょう。

③　愛撫の現象学

「顔の彼方」を記述する「エロスの現象学」において、倫理的な顔は「歪み」、恋人の「卑猥な」顔となって私を誘惑してきます。そして私はそれを「愛撫」します。倫理的な命令に従うことに、それと正反対に見える恋人を愛撫することが取って代わるのです。

愛撫は触覚とは異なり、志向性を通して対象の性質を知ることではありません。触覚は視覚よりも具体的ですが、志向性の一種であり、何か「についての意識」であることは変わりません。それは触れられる対象を自己に同化し、全体化します。これに対して愛撫は志向性ではなく、炸裂と同じく恋人を地平的な意味から解放し、「そのもの」として顕わにすることです。私が恋人を愛撫することで恋人が私に回収され、所有されることはありません。むしろ愛撫すればするほど私から逃れていきます。所有されることは恋人という他者の他者性を否定することであり、そこで恋愛は終わるのです。

それは、ミドラシュのテクスト解釈で神のテクストを「分からないように読む」こと、つまり脱構築するのと同じ神＝他者の経験です。ミドラシュでは実際にテクスト解釈を恋人の愛撫になぞらえますが、ゲマトリアのような超絶技法を駆使してテクストを読めば読むほどテクストは分からなくなり、解釈者は逃げてゆく恋人を追うようにテクストの奥に導かれていきます。先ほどカバラーの説明で触れたPRDS（パルデス＝楽園）の逸話を思い出してください。恋人を愛撫するようにトーラーのテクストをカバラー的に読む（脱構築する）ことは、楽園に入ってゆき、その中で彷徨い続けることですが、それは狂気に陥りかねない経験なのです。

その脱構築的・炸裂的な解釈の結果、思いもよらなかった新たな意味が出来します。この「思いもよらなかった」というのは志向性がいっさい介入していないということです。このような、あらゆる予想を超えた絶対的な新しさを「ヒドゥシュ」と呼びます。レヴィナスは「エロスの現象学」で、ユダヤ的解釈学から現象学に移行し、ヒドゥシュを愛撫によって実際に生まれる新たな子として記述しました。解釈学において発見される新たな意味と、現象学において生まれる新たな子、いずれも全く新たなもの、ヒドゥシュです。それは過去との比較の中で新しいのではありません。第一章で「過去の現象学」として論じたように、志向性の枠内ではこのような相対的な新しさしかありえませんが、顕現しないもの、つまりリアリティの「未来の現象学」では、リアルな、すなわち全く新しいものが現れるのです。リアリティとは決して反復されない、絶対に新たなものです。それは「現れる」というよりも、生まれ、炸裂し、あるいは跳躍します。ゲマトリアの説明で、重要なのは古い意味に対する新しい意味ではなく、古い意味を炸裂させて未知の新たな意味へと跳躍する、その跳躍を内側から経験すること、生命そのものの内的経験だと言いました。それと同じく、ヒドゥシュ＝未来を生むことそのことが、生命の跳躍として神＝生命そのものの経験なのです。と言うよりも、これら二つは同じ一つの生命＝神の経験なのです。

こうして、倫理的経験は生命そのものの経験に転換します。倫理（律法＝顔）は生命＝神の一つの限定であり、その限定を媒介とし、それを「顔の彼方」に向けて新たに解釈することで生命が現れるのです。

④　多産性とメシアニズム

そして、この新たな意味の発見＝子の産出は、メシアニックな意味を持っています。テクストを脱構築し続け、新たな子を生んで世代を繫ぐことで、未来のメシアの到来を早めるのです。それがルリアのカバラーの最終段階、ティクーン＝修復・救済の意味でした。レヴィナスの『全体性と無限』もここで終わります。

しかし、ここにはシャバタイ・ツヴィの偽メシア運動に始まる反律法主義の危険があることも忘れてはなりません。律法＝他者の顔という媒介を超え、それを否定して生命＝神そのものに至ったと思った途端、カバラーは迷いの道に入り込みます。カバリストはカフカのように律法の門の前で待ち続けなければなりませんが、それはただ単に待つのではなく、律法をエロス的に脱構築してヒドゥシュを生み、創造的な生命に触れる、アンリとは異なる「悦び」の経験なのです。それによってメシアニックな未来が可能になるのです。

このように、カバラーから見ると、レヴィナスの現象学は倫理である以前に一つの生命論として顕わになってきます。生命が倫理（律法＝他者の顔）として自己限定し、自己媒介する（ツィムツム・シェビラー）ことで生命となる（ティクーン）のです。レヴィナスにとっての「顕現しないもの」とはさしあたり倫理的律法＝他者の顔ですが、倫理を通して経験されるより深い「顕現しないもの＝リアリティ」は生命としての神なのです。ただ、その律法＝顔とその解釈（脱構築）＝恋人の愛撫を介することでのみ、その彼方でエロス的な生命を経験することができます。生命＝神は、この「律法としての顔」と「恋人のエロス的な顔」の二重の顔という境界線において、そこから新たな意味＝子（ヒドゥシュ）を生み出す瞬間においてのみ現れるのです。そこでは「顕現しないもの」は、正確に言えば、ヒドゥシュが出現する際の「思いがけなさ」にあります。それこそがカバラー的な経験であり、それがレヴィナスの現象学をその根底で貫いています。

　こうして、ハイデガーの「現前しつつ‥現前することそのこと」という「顕現しないもの」の同語反復は、ヒドゥシュ、新たな意味と子のアナーキーな増殖という形での生命の創造的な自己産出によって補われ、アンリの生命のミニマルな自己反復は、受肉で隠蔽された文字テクスト＝他者の顔という具体的な現象へと具体化され、さらにそこで新たな子を生むことで豊かな現象野へと導かれます。レヴィナスの現象学は、ギリシャ的な存在（現前）経験から脱し、またキリスト教の受肉からユダヤ的律法に引き返すことで、神＝生命の創造的で豊かな次元を現象学的な経験の領野として初めて切り開いたのです。

第三章　間《あいだ》と想像界

この章では「顕現しないもの」としての想像されたイメージについて論じます。ただしここで「想像された」というのは、われわれが普通に考えるような「非実在のイメージ化」ではなく、逆に「実在そのものの自己顕現」を意味しています。

これまでに話してきた「顕現しないもの」の現れの中で、ハイデガーの「現前」、アンリの「生の自己触発／自己産出」ではミニマルな現象しか現れず、レヴィナスでは「顔」は文字として多様化して現れてはいても、偶像崇拝禁止の掟によりイメージは厳密に禁じられていました。「顔」は、神そのものが形態化した文字の現れであり、イメージとして知覚されるのではなく、自ずから意味する（命令する）ことでのみ顕わになるのでした。これらのケースに対して、ここで「顕現しないもの」は、まさしくイメージとして現れるのです。ただしそれは極めて特殊なイメージ、神そのものが自ずから現れたものとしてのイメージです。それはアンリでもレヴィナスでも決してあり得ないことです。

このイメージの世界は、本書一四九頁では中間C領域で表されているものです。そしてこの領域を「顕現しないものの現象学」の現象野として探求したのが、フランスのイスラーム学者であり哲学者であるアンリ・コルバンです。ただし彼自身は「顕現しないものの現象学」という言葉は使っていないのですが、私はそのように解釈することができると考えています。それも、他の現象学者たちと比べて、「顕現しないものの現象学」の最も豊かな可能性を開いていると思います。

図2のC領域は、その上部の神の世界（叡智界）Bと感性界（被造界）Aとの「間」に位置付けられ、コルバンによって「中間界」(monde intermédiaire）と呼ばれますが、ここでは、この「間」の性格に焦点を当て、志向性の「間」と比較することで、その特性、あるいは「顕現しないものの現象学」におけるその優位を浮かび上がらせてみたいと思います。

レヴィナスもコルバンと同じく、C領域に実在そのもの（他者、神）が現れると考えるのですが、両者の違いは、コルバンでは神の自己顕現である中間界がある種のイメージからなっているのに対し、レヴィナスはあらゆるイメージをを偶像とし、神の現れとしては決して認めない点です。他者の顔はイメージではなく、言葉なのでした。レヴィナスによるこの批判にも、アンリの場合と同じく、ある非現象学的な二元論が先入見として働いています。それはすなわち、十戒の第二戒にしたがってイメージは全て偶像だとすることです。レヴィナスの考えでは、実在そのものの現れ（顔＝言葉）か、偶像（イメージ）かの二者択一しかありません。しかし、この思い込みは還元を徹底することで非現象学的な素朴性として顕わになってくるのです。ここでは、C領域は知覚されたイメージではなく、実在そのものが自ずから現れたものだということが重要です。

その具体的な例は、三次元（それは志向性を通して射影していることを表します）ではなく、二次元で描かれる（つまり外部から知覚されているのではない）イメージ、例えばイランの細密画（図3を参照）や東方教会のイコンに見ることができます。このようなイメージをコルバンは、“imaginaire”（想像的なもの＝非実在的なもののイメージ）に対して“imaginal”（イマジナル）と呼びますが、これについては後で論じます。

このような実在そのものの現れとしてのイメージ、イマジナルを現象化するのが創造的想像力（imagination créatrice）です。それは人間の認識能力ではなく、神（実在）そのものが自ずから顕わになる（原像化する）際の器官であり、それは神秘主義一般でよく使われる比喩では、神をその内部から映す「鏡」に他なりません。それは古代ギリシャ以来、伝統的に能動知性と呼ばれてきたものです。この能力は人間のものなのか、あるいは神に属するのかが伝統的に問題になってきましたが、コルバンでは、それは明らかに神（実在）そのものの自己顕現の器官とみなされています。

序論で論じたように、「顕現しないものの現象学」は「事象そのもの」という現象学の理念を実現するものでした。フッサール以来の知覚に基づく現象学は、志向性の観念によって、デカルトが分離した主観と客観との「間」に、常にすでに、ありありと「事象そのもの」が与えられていることを示しました。主観と客観との「間」に、目の前に生き生きと実物が「現前」すること、それが「事象そのもの」であり、真理の源泉なのです。しかし、それは志向性によって媒介されてのみ現れます。「間」、「事象そのもの」、「志向性」、これらが組み合わさってフッサールの現象学の基本的な構造をなしています。

この構造は、フッサールにおける真理論の枠組みを超えて、メルロ＝ポンティにおいては「見えるもの」と「見えないもの」からなる現象学的存在論として練り上げられてゆきます。そこでは現象学と芸術との親近性が一つのモデルとなり、例えばセザンヌが描く静物や山が、この「事象そのもの」の現前の表現として現象学の模範とされるのです。ここでは志向性は「存在の厚み」へと次第に具体化されていき、地平は形式的なものからリアリティの奥行きへと変容していきます。このようなメルロ＝ポンティの現象学も「顕現しないもののイメージの現象学」の一つの展開と見ることができます。

これに対して、本書で問題にしている「顕現しないものの現象学」は、フッサールやメルロ＝ポンティの知覚の基づく現象学とは全く逆の方向で、地平を通して知覚され、射影して現れる現象、あるいは「見えるもの」と「見えないもの」とが差異を介して絡み合う現象は、「事象そのもの」の真のリアリティには永遠に到達できないと考えます。つまり、一切の地平的な隠れなしに現れ切る現象こそ、厳密な意味での「事象そのもの」を実現させる「原現前」なのです。そこでは、さしあたり、地平上に決して現れないことが「顕現しない」と呼ばれますが、それは現れないのではなく、ミニマルな現象として、目立たない仕方でのみ現れると考えられるのです。

しかし、地平上に現れない、志向性では届かない、というよりも志向性が隠蔽してしまうような「顕現しないもの」とは、果たしてミニマルな現象としてしか現れないものなのでしょうか。むしろ、志向性によって押さえつけられ、覆い隠され、それゆえに忘れられてきた諸現象が、そこで一気に解放されて現れてくることはないでしょうか。問題なのは、むしろその現れがなお地平に媒介されているか、あるいは地平とは別の仕方で厳密に自ずから現れるのかということです。後者による豊かな現象の可能性が、コルバンによるイスラーム神智学の現象学的研究の中にあると私は考えています。

以下で、コルバンの哲学を「顕現しないものの現象学」として、それも最も豊かな可能性を秘めたものとして見ていきますが、これはコルバン自身がそう言っているのではないことを改めて断っておきます。彼は、主にハイデガーの影響を受けた自身の理論の現象学的および解釈学的性格を強調しますが、それは西洋の伝統的なイスラーム学（あるいはより広く東洋学）の歴史的性格から距離を取るためで、それは例えば彼の友人であったエリアーデの宗教学とも共通しています。彼らの方法がある意味で現象学的であったのには、哲学的というより「霊的《スピリチュアル》」な意味があると思われますが、それがどのようなものなのかはこれから説明していきます。少なくとも、ここで使った「スピリチュアル」という言葉が単なるオカルトのようなものではなく、極めて真摯なものであり、これまでの現象学で見過ごされてきた経験の一つの次元、つまり「顕現しないもの」の次元の一つであることが重要です。

さらに、コルバンは、ハイデガーや本書でこれまで扱ってきた他の現象学者たちのように一箇の現象学的哲学を作っているわけではありません。それでも、彼が残した膨大なイスラーム神智学研究から極めて独創的な現象学を取り出すことが可能です。ここでは、本書を貫く現象学の視点から、コルバンの哲学を「顕現しないものの現象学」の一つの形態として再構築することを試みます。

そのために、(1) まず「顕現しないもの」への問いを反復し、それに対するこれまでの解答がどの点で不十分だったのかを確認します。(2) そして、それがイスラーム神智学によって「二重の偶像崇拝」に起因すると考えられ、そこから脱却するために独自の想像力の理論が提起されていることを明らかにします。(3) さらに、その想像力の理論が、① イブン＝アラビーの宇宙生成論で、神の内在における神と自己（魂）との内的協働によって成り立つこと、②スフラワルディーの「東方照明哲学」で、そこに至る現象学的還元がグノーシス的な幻視《ヴィジョン》的物語として語られていること、③最終的に、そのグノーシス的還元によって到達された世界が、知覚世界から象徴の世界（イマジナル）へと変容していること、そして、④それが新たな「顕現しないものの現象学」の記述（幻視《ヴィジョン》的物語）を構成すること、このような順序で話していきます。

1　「顕現しないもの」の問いの反復

(1) 現象学的現前としての「顕現しないもの」

まず、われわれの根本の問い、「顕現しないもの」の問いを反復することから始めましょう。「顕現しないもの」あるいは「目立たないもの」とは、ハイデガーの存在の思惟において、「私」（現存在）という特殊な存在者であれ、存在者一般であれ、存在者に限定されずにそれだけで現れる「存在そのもの」のことであり、それは「存在することそのこと」（Sein als solches）、「存在としての存在」（Sein als Sein）などの同語反復で表現されました。そして、それが現象学的に「現前すること」（Anwesen）として語られたのです。

本書の序論で言ったように、「現前」はハイデガーのみならず、フッサール以来現象学の基本にあるものであり、それがハイデガーの「顕現しないものの現象学」において最終形態に至ったのだとわれわれは考えてきました。と言うのは、現象学のモットーは「事象そのものへ」でしたが、「事象そのもの」の直接的贈与が「現前」だからです。それはつまり、もの「そのもの」が直接、フッサールの表現では "leibhaft" に、つまり「生身の、あるいは骨肉を備えた仕方で」、「自ずから」与えられていること（Selbst-gegebnheit）です。その際、「自ずから」は「そのものが」と「みずから」という二つの意味を持っています。ただしフッサールでは、この「事象そのもの」の贈与は志向性によって予め制限されており、その制限を解除して真に「事象そのもの」を実現するのが同語反復的な「顕現しないもの」の現前なのでした。

フッサールの場合、この「事象そのもの」の現前は、志向性（地平）によって「何かの」現れとして対象方向に限定されてしまっているため、実現することのない目的論的な理念に留まっています。「顕現しないものの現象学」は、この現前をまさに現前として実現しようとする試みだと言うことができます。それは、還元をフッサールを越えて深めることで「事象そのもの」の「そのもの」を厳密に顕わにしようとすることです。ハイデガーがその思惟の道の最後に語った「現前すること」は、この現象学的な文脈で捉えるべきでしょう。

(2) ハイデガーの「現前」

序論でも述べたように、ハイデガーは、一九七三年の『ツェーリンゲンのゼミナール』で、パルメニデスの「存在は存在する」という形而上学の究極の命題を現象学的に解釈し、それを「現前しつつ：現前することそのこと」（"Anwesend : Anwesen selbst"）として現象学的に語りました。

それが同語反復であるということが重要です。“Anwesend”（「現前しつつ」）と“Anwesen selbst”（「現前することそのこと」）との間に「：」を入れることで、「現前」が生起します。現前を媒介して現前させているのは「：」なのです。それが同語反復ということです。この定式化によって、「存在は存在する」ということで存在することは存在者になることなく、存在者とは独立に、端的に「存在する」ことができます。この、存在者としては顕現せずに「存在する」出来事が「現前すること」です。

ハイデガーの別の表現では、現前の只中に「折り目」が入り、「二重襞」（Zwiefalt）を形成します。ここが「顕現しないもの」の目立たない現象構造なのですが、これは、現前が現前するためには何らかの「差異」が必要になることを示しています。彼が一時期使っていた「存在論的差異」の「差異」は、「存在者の存在」としてなお存在者に付き纏われ、限定されているため、それよりも、存在そのものの現前構造として「折り目（折り返し）」と言った方が事象にふさわしいわけです。要するに、「折り目」とは存在論的差異を、さらに「現前そのもの」にふさわしく突き詰めた表現なのだと言えるでしょう。いずれにせよ、結局それが同語反復になるというところが重要です。

(3) アンリの「自己触発／自己産出」

この文脈の中で、アンリの生の現象学が問題になります。アンリにとっての「顕現しないもの」は、「存在」、すなわち「現前することそのこと」にすら先立って、そこからも隠れて生起する「生」であり、それは「神」でもありました。そしてそれは、その内在において「自己触発」および「自己産出」という自己反復によって現れるのです。

ただし、生において「自己が自己を触発する」という時、そこにはやはり、アンリの意図に反して、ある種の二元性が入ってきます。逆に言うと、「自己が自己を触発する」と言っても、アンリの場合は「触発する自己」と「触発される自己」とが完全に「同じ」だとされている点が問題でした。彼が生の一つのモデルとする受肉において神が息子キリストを生むという時、その神（父）とキリスト（子）とは、ある意味（ペルソナとしては）二つの「別のもの」ですが、またある意味では「同じもの」でもあります。つまり、それはある同語反復です。あるいは、それらは「同じ一つのもの」が自己反復して「二」になったもの、と言うよりも「二」として現れたただ一つのものなのです。世界や存在から生の内在にまで深まることで、地平的な二元性は逆転して消え去り、そこで純然たる一が現れます。アンリにとってそれこそが、あるいはそれのみが真の「顕現しないもの」に他なりません。

この考えからすれば、生＝神という厳密に唯一の事態を「自己触発」として、「触発するもの」と「触発されるもの」という二元的な表現をするのは表現上の問題、つまり内在における垂直の出来事を地平上で表現せざるを得ないことに伴う問題だということになるでしょう。アンリはここで、ある未曾有の、地平的な論理では語り得ない次元を表現するために、古典的な「自己触発」以外の言葉を見出せなかったのだと考えられます。

しかし、ここでの真の問題は、生＝神の自己触発が、世界地平の中で見えるものを徹底して排除した結果、ミニマルな現象、具体的には苦しみ／悦びの情感性としてしか現れないという、現象の極度の貧しさにあります。アンリの限界は、その閉所から出る手段を持たなかったことです。

2 コルバンと現象学

(1) コルバン、ハイデガー、スフラワルディー

ハイデガーとアンリの例を出しましたが、レヴィナスも含めて、これまでの「顕現しないものの現象学」におけるこの現象の貧しさが問題です。それは、先に言ったように、「顕現しない／

目立たない」ということが、志向性を含めた何らかの差異化によって隠蔽されていたのであり、その覆いを取り去れば、ミニマルな現象どころか、思いもよらない豊かな現象が一気に解き放たれて現れるのではないかということなのです。コルバンは、この欠陥を独自の想像力の観念で補いました。それによって彼は「顕現しないものの現象学」に新たな局面を開いたのだと私は考えています。

コルバンは、哲学者としてはあまり知られておらず、一般にイスラーム学者とみなされています。あるいは、一部では彼はレヴィナスと並んで、ハイデガーをはじめてフランスに紹介した者として（のみ）知られています。ドイツの現象学をフランスに導入した二人の哲学者が、ユダヤとイスラームという二つのセム的一神教に関わっていたということは興味深い事実です。

コルバンは、イスラーム学者としてその学問的キャリアを始め、『ハッラージの殉教』で有名なイスラーム学の泰斗ルイ・マッシニョンに師事しますが、マッシニョンは彼に一二―一三世紀イランの神智学者スフラワルディーの研究を勧めました。それ以来、スフラワルディーおよび一三世紀アラブの神智学者イブン＝アラビーが彼の思惟の導きとなります。とりわけスフラワルディーは、コルバンにとって「霊的ガイド」ですらありました。このような言い方をすると誤解を招きますが、それをあえてする意味はこれから話していきます。

それと同時に、彼は一九三四年から三六年の間、フライブルクのハイデガーのもとに滞在し、三八年に『形而上学とは何か』をフランス語に翻訳します。このハイデガーの仏訳が、サルトルをはじめ戦後のフランス哲学界において、ハイデガーが決定的に重要なものになるきっかけを与えたのです。彼が"Dasein"（現存在）を"réalité humaine"（人間的現実）と訳したのは有名です。哲学の世界では、コルバンはこの功績によって評価されることが多いのですが、実際には彼はハイデガーとイスラーム神智学、西洋哲学と東洋哲学の境界線上で思惟した、極めて独創的で重要な哲学者なのです。

コルバンとハイデガーとの哲学的――現象学的および解釈学的――関わりは非常に複雑で深いものです。基本的には、コルバンは、ハイデガーが『存在と時間』に代表される初期の仕事で使った現象学的・解釈学的方法という「鍵」を、それとは全く風土を異にするシーア派イスラームのスフラワルディーの読解に使用したのですが、それによって逆に、ハイデガーにも欠落していた新たな現象野を開いたのです。結果として、現象学・解釈学（これらはコルバンにとって「隠れたものの開示」という同じ機能を果たします）を厳密な意味での「顕現しないものの現象学」として、新たな形而上学的次元に引き上げました。それが「創造的想像力」（imagination créatrice）の理論です。

(2) 二重の偶像崇拝とその解体

さて、ハイデガー、アンリ、レヴィナスによって提示された「顕現しないもの」の諸現象が、現象化の原理として同語反復や「顔」の自己意味作用に限られているために、極めて貧しいものでしかないことが彼らの現象学の限界だと言いました。そしてそれが、「顕現しないもの」の探究としては決定的な欠陥であることも指摘しました。本来は、「顕現しないもの」は、現れないどころか、志向性や存在論的差異といった制限を解除されて、極めて豊かな諸現象を解き放つ可能性を秘めているのです。

しかし、この現象の貧しさは、コルバンが参照するイスラーム神智学の視点からみるなら、単なる現象学的な意味だけではなく、より深刻な意味を持つことが分かってきます。それは、一神教として、ある偶像崇拝に陥っているのです。そしてそれは、帰結としてニヒリズムを引き寄せます。偶像崇拝の禁止とはもちろん、神がモーゼに与えた神の律法「十戒」の二番目にあるもので、神を「テムナー」(絵、イメージ)にしてはならないというものです。これは「私以外の神を崇めてはならない」という第一の戒律、神の唯一性の宣言のいわば裏面ですが、本書では、この偶像崇拝とその禁止を「顕現しないものの現象学」による還元の徹底化の動機と考えてきました。そもそもハイデガーの「存在の問い」も、裏からみれば、存在を存在者とすり替える仮象の絶えざる批判だと言うことができますが、この仮象解体の手続きを、ジャン゠リュック・マリオンは、彼の初期の主著『存在なき神』において存在からさらに神へと吊り上げ、存在すらも神を偶像化するものとして解体するのです。こうして、「顕現しないものの現象学」において偶像崇拝の解体は徹底した現象学的還元として遂行されてきました。しかし、この還元の徹底化にはある重大な罠が潜んでいます。

　コルバンが依拠するイスラーム神智学では、偶像崇拝の禁止に、単なるイメージの禁止に加えてもう一段階の展開があります。第一の、最も単純な偶像崇拝は「多に執する偶像崇拝」と言われます。これは「十戒」に書かれている通りの意味で、唯一の神を知覚や想像によって多様なイメージにすることとして禁じられます。しかし、そこにはもう一つの、より執拗な偶像崇拝が潜んでいます。それが「一に執する偶像崇拝」と言われるものです。多を徹底して排除（還元）し、存在や生や神の名の下に一に迫ってゆくいわば「昇りの道」は、その到達点に留まることによって、もう一つのより執拗な偶像崇拝に陥るというのです。

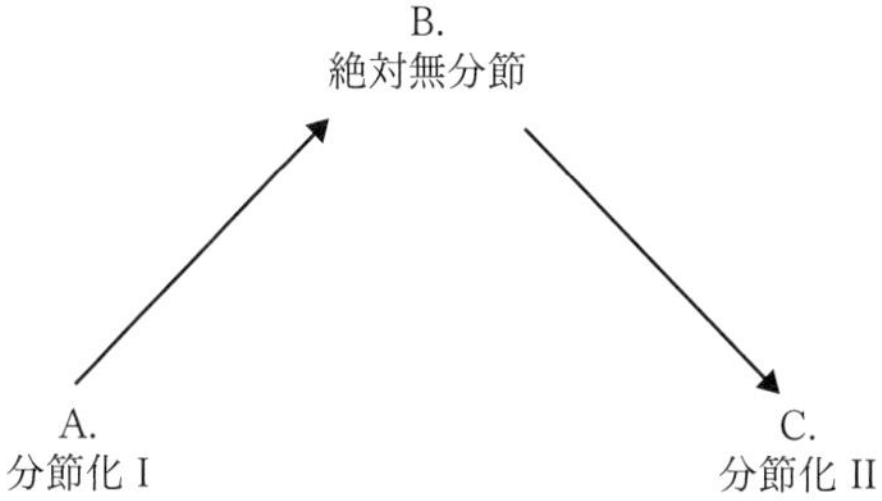

図1

　図1を見てください。これは井筒俊彦が『意識と本質』（一四四頁）で、人間が神（実在）そのものを経験する過程をその全体にわたって描いたものです。

　この図で、A（分節化Ⅰ）からB（絶対無分節）に向かう線が「多の偶像崇拝」からの脱却を表します。Aは感性的世界（宗教的には被造界、現象学的には地平的世界）を、Bは実在（神）そのものをそれぞれ表しています。

この図にあてはめてみると、後期のハイデガーとアンリはAの偶像崇拝を徹底して解体しましたが、大きく見てBに留まったと言うことができるでしょう。そうして執拗な、第二の偶像崇拝に陥ったのです。

イスラームやユダヤの神秘主義においては、これと事情が異なります。井筒が『イスラーム哲学の原像』で論じている、スーフィズムにおける神経験の図式を借りると、Bの中で、一者は、①「絶対的一者」と②「統合的一者」とに分かれます。①は絶対に現れることのない一者そのもの、②はそれがわずかに現れはじめたものだとされます。ユダヤ教のカバラーでは、まだ全く顕現しない「隠れた神」を、「アイン」（無）と「エン・ソフ」（無限）の二段階に分けますが、井筒による区別はそれに対応するものと考えられます。アンリの自己触発は受肉をモデルとしていますが、世界への現れを全て脱自・超越（時間化）としてその兆しすら拒否している以上、この「絶対的一者」の段階で止まっていると言っていいでしょう。少なくともそれがさらに展開して、井筒の言う「分節化Ⅱ」として現れる多様な現象化の器官（創造的想像力）がアンリには完全に欠けており、それゆえに神（生）の直接経験として感情（情感性）しか考えられないのです。

真に一者の偶像崇拝を克服するためには、この絶対的一者はさらに多様な現象として自己展開せねばなりません。そこで、一を多様なイメージとして現れさせる想像力の介入が必要となるのです。ただし、これから詳しく説明するように、このイメージは偶像ではない特殊なイメージ、神そのものが自ずから多様化して現れたものでなければなりません。例えば、カバラーでは、先の「アイン」（無）から「エン・ソフ」（無限）への展開に続いて、神は十個のセフィロートの形として自己顕現します（第二章図3を参照）。これは幾何学図形からなり、正確にはイメージではないのですが、多様な形として現れてはいます。一方、イスラーム神智学ではさらに進んで、これを例えば天使としてイメージ化して表します。天使はとりわけスフラワルディーの「東方照明哲学」において、ゾロアスター教と習合して中心的な役割を果たしています。

　このイメージ形成は確かに想像力の働きだと言うことができますが、ただしその想像力は、われわれが通常考えているようなもの、つまり実在しないものを空想する能力としての想像力とは異なります。あるいは知覚を形成する図式機能でもありません。それは逆に、実在そのもの（Bの絶対無分節）が、それを通してCの分節化Ⅱとして自己展開する器官なのです。したがってそれは「想像」というよりも「原像化」と言った方がいいかもしれません。例えば、セフィロートは知覚されるものではありませんが、通常の意味で空想された非現実的なものでもありません。むしろ、唯一の神が神の内部で多様な形をとって現れたものとして最もリアルなものです。このような神の自己顕現、それも人間の認識能力ではなく、神そのものが自ずから顕わになる際の媒介となる器官が、ここでいう想像力なのです。しかし、想像力にはこれとは全く逆のイメージが長い間染みこんでいるために、この事態が誤解されてきました。

(3) 近代における想像力の貶め

イスラーム神智学では、創造的想像力こそが一なる神を多様なイメージに自己展開させて、執拗な第二の偶像崇拝を回避させる極めて重要な器官でした。しかし想像力は、デカルト以来の近代二元論による思惟と存在（現前）の分離によってその本来の機能を奪われ、単なる空想の能力へと貶められてきました。デカルトは、主観的な思惟（コギト）とそれが観念を通して構成する客観的な対象の世界に実在を分離したとき、本来はそれら二つの能力の「間」、あるいはそれらの根底で働いていた想像力を、思惟による明晰な認識を妨げるものとして排除しました。しかしこの想像力は非実在の空想であるどころか、その逆に、実在そのものを自ずから像化させ、現前させるものなのですが、それが客観的な対象世界に向かう抽象的な思惟によって飛び越えられ、忘却されて封印されてしまったのです。それは本来、われわれの経験すべてを成り立たせるものであり、それを前提として、その上に自我による表象が成り立つような最も具体的で根源的な現象でした。あらゆるものが、表象されて認識される前に、まずイメージとして与えられていたのです。根源的なイメージこそが伝統的な思惟のエレメントだったのです。

その例が錬金術やクリスチャン・カバラーなどであり、例えばヤコブ・ベーメの神智学は西洋におけるその代表的な例です。近代以降の西洋では、これらの思潮自体がオカルトや妄想として、哲学の「正当な」歴史から除外されていますが、しかし、デカルトとカントによる啓蒙を経て、フィヒテやロマン派がこの問題を引き継いでいます。フィヒテはこの問題を、彼の想像力論、とりわけ後期の像理論において、自我の能力としての想像力を創造的想像力にまで突き詰める形で展開させますが、その際、原像化の原理としてキリスト教の三位一体を使っています。それに先立ってベーメは、三位一体をカバラーの中に読み込んで創造的想像力の神智学を展開させますが、それがヘーゲルに深い影響を与えていることは興味深い事実です。これについては論じることが多々ありますが、ここでは深入りしません。

しかし、フィヒテ、ヘーゲルに先立ってすでにカントが、近代の啓蒙思想の只中で想像力(魂)の身分に関してある示唆を与えていることは大変重要です。カントは『純粋理性批判』の図式論において、感性と悟性が共同して対象を構成する際に両者を媒介するものとして想像力の図式機能を分析していますが、そこでの想像力の働きはもっぱら、対象を表象する際にその具体的なイメージを形成することです。対象がイメージとして実際に現前するという、このさしあたり最もリアルに思えることが、悟性と感性という理性の認識能力では説明できず、想像力にしかできないわけですが、しかし近代二元論を前提にする限り、その想像力の身分が分からないのです。想像力のこの曖昧さは、デカルトによって思惟と現前が切り離された結果です。それは独立した第三の能力なのか、あるいは悟性の一機能なのか。周知のように、カントは結局(『純粋理性批判』のB版において)それを悟性の機能に入れますが、ハイデガーは、より現象学的な分析がなされているA版を重視して、想像力の独立性と根源性を主張しました。

知覚の現象学の見地からすれば、ハイデガーはもちろん正しいのですが、それはなおコルバンが提示した創造的想像力、実在そのものを自己顕現させる想像力からはかけ離れています。デカルトに始まる理性＝啓蒙の近代が覆い隠した「第三の能力」は、ハイデガーの理解も遥かに超えていくものです。カントは同じ図式論で、想像力は「魂の秘められた技」だとも言っていますが、これは、失われた第三の能力である魂＝想像力がなお秘めている形而上学的、もしくは神智学的な力を示唆するものと理解できるでしょう。そしてそれは、創造的想像力の復興につながってゆく極めて重要な指摘なのです。

(4)「間《あいだ》」の次元

① 危機とニヒリズム

以上で、イスラーム神智学によっていかに二重の偶像崇拝が克服されるかを見てきました。それは、近代の二元論が封印してしまった創造的想像力によって、実在そのものを「一」の偶像崇拝から解放し、その内部から自己顕現せしめる（図1のB→C）ことによってなされました。それがどのような現象なのかを詳しく見る前に、この偶像解体の現象学的な意味をもう少し見ておきます。

コルバンが、近代の思惟と存在（現前）の分離を創造的想像力の復興によって媒介しようとする動機は、救済論的、とりわけグノーシス的なものです。後で、コルバンのモデルとなっているスフラワルディーの「照明哲学」に即して詳しく見ますが、コルバン哲学の根本気分は、この世界に追放され、囚われているというグノーシス的な感覚です。この追放と幽閉を、コルバンは近代以降の主観と客観との分離に見るわけです。

コルバンにとって、これはまさに人類の「危機」に他なりません。実在そのものからのこの分離が、すでにしてニヒリズムの兆候なのです。人間の魂がこの軛から脱して天上界に帰ることで、この危機が乗り越えられます。そしてその帰還こそがコルバンの全哲学の目的なのです。そしてそれは、主観と客観との「間《あいだ》」の失われた第三次元である魂＝創造的想像力の再発見と、その復興によってなされます。このように、コルバンは、イスラーム・グノーシスの想像力論をニヒリズムとそこからの脱却という現代の文脈に置き直すことで、それを現代哲学として甦らせたのです。

ここで、コルバンと同じくイスラーム神智学に代表される「伝統的形而上学」の復興によってこの西洋の危機を乗り越えようとしたもう一人の現代フランスのグノーシス者、ルネ・ゲノン（一八八六―一九五一年）の試みに触れておきます。ゲノンは、西洋近代の物質主義がもたらした危機を、あらゆる秘教的伝統（とりわけヒンドゥー教、イスラーム神秘主義、カバラーや密教など、彼が「東洋形而上学」と呼ぶ諸伝統）に共通する「普遍的伝統」を復興させることで乗り越えようとしました。彼はその方法として現象学を採ることはしませんでしたが、存在すらも超えた究極の形而上学原理を目指す点で、「顕現しないものの現象学」と軌を一にします。

ただゲノンは、普遍的な形而上学の原理は完全に人間を超えたものであり、それは人間的な感情を通しては決して捉えることはできず、グノーシス、すなわち人間を超えた能動知性による知のみが到達できると考えています。この点で、ハイデガーの存在の「気分」やアンリの生の「情感性」といった感情的な要素は真理を覆い隠すものとして徹底して排除されます。それはなお真の「顕現しないもの」には届いていないのです。ただし、普遍的原理の顕現として象徴を駆使する点でコルバンと共通しています。

② フッサールの「間《あいだ》」の次元——志向性と地平的世界

ところで、一見かけ離れているように見えながら、コルバンのこの危機意識は、フッサールが『ヨーロッパ諸学の危機と超越論的現象学』で指摘した危機に通じるものです。フッサールもコルバンと同じように、近代二元論から現代に至る学問の危機の克服を彼の現象学の最終的な動機とし、それを彼なりに「間」の次元を回復させることで行おうとしました。その「間」の次元が、彼の場合は志向性によって構成されるのです。こうして、志向性と創造的想像力の違いが「知覚の現象学」と「顕現しないものの現象学」とを分かち、真理論と救済論というそれぞれの要求に応じて「事象そのもの」は姿を変えて現れます。

フッサールにとって、近代的な主客分離以前に、すでに世界は私に自ずから現れています。それが「事象そのもの」ということでした。目の前の机はそれ自体で端的に私に見えているのであり、思惟実体としての自我が観念を媒介として認識（表象）するものではありません。この、直接与えられたという意味でのみ「主観的な」現象の世界が、客観的な対象の世界に先立って現れている「間の次元」です。現象学的エポケーは実在の世界をカッコに入れ、私に直接与えられたこの現れ、世界が私にいかに現れるか、その現れ方の世界を開きますが、現象学の作業は全てここで行われます。これこそがさしあたりフッサールにとっての「事象そのもの」であり、彼が「超越論的主観性」と呼ぶ領野なのです。フッサール、さらには現象学一般において、「主観的」とはデカルト的な精神の内在の意味ではなく、このような世界の私への現れ方という意味で理解されねばなりません。

問題は、この主観的な「間」の次元がどのような構造で、そしてどのような現象として現れるのかです。あらかじめ言っておくと、コルバンの創造的想像力の現象学の視点から見ると、フッサールの「間の次元」は、概念的思惟から志向性を介した知覚へと次元が転換したとはいえ、なお主客の二元論から出ていません。

まず、フッサールでは「間の次元」は志向性によってのみ現れます。志向性とは「……についての意識」ということでした。つまり、志向性としての意識は実体的な自我の内面ではなく、常にすでにその外、つまり世界の中に出ている、ということです。目の前に机が見えるとき、われわれは直《じか》に机そのものを見ているのであって、観念を通して思惟しているのではありません。そしてその経験において、われわれは、思惟からは逃れてしまう微細な、膨大な現象を「机」という観念の元に隠蔽して忘却しているのです。

その際、厳密に言うと、志向性（……についての意識）とは、この机が私の目の前に、その前面からだけ見えていて、それ以外の面は見えないということに他なりません。世界の対象は必ずある視点からのみ現れ、その対象の内部（背後や側面）にも周囲（机がそこに置かれている部屋や建物など）にも見えない面が無際限に広がっています。フッサールはこれを、ものが「射影」していると言いますが、要するにものの現れには必ず影がつきまとう、つまり見えない面に囲まれているということです。見える面を通して見えない面に向かうこと、あるいは逆に見えない面を通して見える面に対面すること、これが志向性、「……についての意識」と言われているものです。

この「見えないものに囲まれた見えるもの」こそが、現象学的な意味での「間の次元」です。その見えない面が次第に見えるものに転換されてゆく、そのプロセスの理想が完全に規定された世界、フッサールの言い方では空虚な志向性が完全に充実し切った世界なのですが、それは目的論的な極理念に過ぎません。

フッサールによるこの基本的な分析は、一見説得力があるように見えますが、実は極めて形式的な、リアリティを欠いたものです。つまり「顕現しないもの」という意味での「事象そのもの」からは程遠いのです。われわれの実際の経験はそれよりはるかに複雑です。ということは、フッサールが直接的な直観と言っているものには、かなりの部分空虚な思惟が混入しているということなのです。この欠陥を、フッサールは次第に具体的な分析によって乗り越えようとしていますが、彼の前提からしてそれには限界があると思われます。

要するに、フッサールの現象学は近代二元論を批判し、その二元的分離に先立って「事象そのもの」が自己顕現する「間」の次元を開きました。そしてその自己顕現は、近代的な意味での自我が構成する以前に、見える面と見えない面（地平）との交錯によって現れますが、フッサールではこの交錯が、あくまでも見えない面を見ようとする、つまり空虚志向を充実しようとする、志向的な「超越」にあるという点が、非現象学的な先入見だということです。あるいは、志向性にはじめから、その本質として含まれている意志的性格こそがニヒリズムの兆候なのだと言えるかもしれません。その意志的性格が、実在そのものの現前を飛び越え、それを覆い隠してしまうからです。

では、コルバンはこの問題にどのように答えるでしょうか。それは、彼が一貫して主張しているように、「西洋」から「東洋」に移行することによってです。ただしここで「西洋」「東洋」というのは経験的・歴史的な地理概念ではなく、超経験的・超歴史的な「霊的《スピリチュアル》地理」概念

（géographie spirituelle）を表します。そこでは「西洋」とは感性的・地平的世界を、そして「東洋」とは地平には入らず、それを超えた「顕現しないもの」、「実在そのもの」の叡智界を指します。これについては後でスフラワルディーを論じる際により詳しく話しますが、コルバンはイスラーム神智学をその意味での「東洋」の探求の典型的な例として扱うのです。

③　イブン＝アラビーの「間の次元」――創造的想像力と中間界

コルバンは、スフラワルディーと並んで、一三世紀アラブの神智学イブン＝アラビーを参照します。イブン＝アラビーでも「間の次元」（中間界）が中心的な主題になりますが、それはフッサールとは全く異なる仕方で現れ、その身分、内容も全く異なります。分離された主観と客観、感性と悟性との間は、意識の志向性によって媒介されるのではありません。それらが分離されるに先立って、「魂」（その働きを「ヒンマ」といいます）の創造的想像力が実在そのものを現前させています。フッサールの志向性による現象が地平的な現れに限定されるのに対し、イブン＝アラビーの創造的想像力による現前では、実在そのものがその内部において垂直に、そのまま自己顕現します。この違いは、一つには、現象が「私に主観的に与えられる」というとき、それぞれにおいて「私」、「主観的」という言葉の意味および次元が全く異なっていることによります。フッサールでは「私」は超越論的主観性、自我でしたが、イブン＝アラビーの「私」はいかなる志向性、すなわち意識にも先立つ「魂」（ヒンマ）であり、創造的想像力なのです。フッサールの意識は世界が現れる際の媒体でしたが、イブン＝アラビーの魂はそれより一段深く、「実在そのもの」をその内部で、地平現象ではなく根源的なイメージとして自己顕現させる想像力なのです。

この映像化の仕組みは、イブン＝アラビーの宇宙生成論（cosmogonie）に詳しく見ることができますが、それはまた、原初の創造論と言うこともできます。ここで「原初の」というのは、レヴィナスのところで参照したイサク・ルリアのカバラーと同じく、天地創造以前に神の内部で起こった第一の創造という意味です。

ルリアでは、原初の創造は「ツィムツム」、つまり「神の収縮」と考えられていました。天地創造以前には神の外部に神以外のものはなく、汎神論的な状況でしたが、そこで神は自己の内部に収縮して、他者のために場所を空けたのでした。その「無の空間」の中に、神がセフィロートの形をとって現れます。これが神と世界との間の「中間界」、隠れた神に対して神がその内在において自ら現れた世界であり、それこそがコルバンの創造的想像力論が展開する第三次元に他なりません。その現象は、地平的世界の中でも隠れた神においても不可能な「神顕現」、つまり「顕現しないもの」の現象です。

同じ根源的な出来事、顕現しないものの現象化が、コルバンがその労作『イブン＝アラビーのスーフィズムにおける創造的想像力』で再構成するイブン＝アラビーの神智学では「神の孤独の悲しみ」から始まります。ルリアの場合と同様、「はじめ」には神しかおらず、そこで神は「孤独の悲しみ」を感じます。神はこの悲しみを癒すために自己の「他者」を創造しようとするのですが、それは、ルリアの場合と同じく、まだ神の真の意味での他者である「天地」が創造されていないため、逆説的ですが自己の内部での「他者」でしかありえません。その意味での「他者」を現れさせるために、神は自己自身を映す鏡として人間を創造したのです。人間は神を映す鏡であり、この映すことが魂の機能（ヒンマ）、つまり創造的想像です。そして、鏡に映されることで多様化して現れた神の原像が即ち宇宙であり、こうして中間界が想像＝創造されるのです。これが創造的想像力と、それに映された世界の発生です。

ここで重要なことは、この神の内在に留まる限り、神は一であり、ながら多様な姿で現れることができるということです。それが、実在そのものの自己顕現としての神顕現という、地平世界から見る限り極限の現象の根本的な特徴なのです。このことの重要性は、フッサールの、世界そのものを開く根源的な出来事としての時間化の分析に照らして見る時によく分かります。

フッサールは、世界地平の発生を時間意識の分析の中で追求していますが、その中で、一九〇五年の「内的時間意識」の分析と、一九三〇年代の「生き生きとした現在」の分析を改めて取り上げます。

④　二つの時間分析

アンリのところでも扱いましたが、フッサール時間論の基本である「内的時間意識」の一つの分析では、原印象が過去把持されることで時間の地平が根源的に構成され、その地平の中でのみ世界は現れるとされます。ただし、逆に、原印象は常にすでに過去把持によって媒介され、意味づけられているという分析もあります。この分析だと、原印象はその自律的な存在が否定されてゆく方向にありますが、「顕現しないものの現象学」の文脈では前者の分析を採り、原印象から過去把持への移行が分析の核心となります。つまり、アンリが考えるように原印象が実在そのものの自己顕現であるとすると、フッサールの志向的分析では当然、それはすぐさま過去把持の志向性を通して地平の内部に現れて知覚されます。これは、アンリのみならず、コルバンの創造的想像力の現象学からしても「実在そのもの」を隠蔽することであり、偶像崇拝に他なりません。それは宗教的な言葉で言えば、神の内在からその外部に出る第二の創造としての「天地創造」であり、神の内部での、現象学的には過去把持に先立つ現れを飛び越えてしまいます。つまり、この現れが体験の深部のあまりに内密な、顕現しない／目立たない次元で起こるために、外部の現象に目を奪われてそれを忘却してしまうわけです。これはまさに世界（天地）より一段階深い、神の内部での現象学的な忘却です。そこで、原印象そのものをその只中で顕わにする新たな還元が必要になります。それをアンリは「反還元」として実践したのでした。

他方で、一九三〇年代のさらに精緻な、より具体的な分析では、時間化は「立ち止まりつつ・流れ去る現在」として分析されていました。これは、原印象という志向性にとっての不純物を、不十分な還元ゆえに紛れ込んだ錯覚として改めて還元することで、まさに時間化の現場をその只中で捉えようとした分析ですが、そこではなお「立ち止まり」と「流れ去り」という二つの契機が想定されている点で、なお「顕現しない実在そのもの」を捉えてはいません。

現象学的に記述されたこの原差異化（原外部化＝天地創造）を言い換えると、「立ち止まり」は「一」を、「流れ去り」は「多」を意味します。今の位相は絶えず流れ去り、多様化していきますが、その多様化は同時に（先時間的に）一つのまとまりに取り集められます。そうして「何か」が現れ、それが知覚されるのです。例えば、単なる雑多な印象ではなく、何らかの音が聞こえます。この原差異化、あるいは原時間化を、一と多との内的な交錯だと、とりあえず言うことができるでしょう。つまり、あらかじめ分離した二項が外部から接合されたのではなく、一と多の二つの契機が唯一の出来事をその内部において構成しているということです。しかし、そこでは内的といっても一そのものではなく、一が多に媒介されてはじめて一たり得ます。つまり、一と多の二つの契機が、ある距離を置きつつ弁証法的に（ただし、概念ではなく知覚の弁証法ですが）結びつくことでのみ現在が形成され、そこで「何か」が現れるわけです。それは一そのものがその内部で、全く差異化され、二重化されることなく即多として現れるのではありません。

⑤　一即多――「一神教の逆説」と「天使学の必要性」

アンリとコルバンの「顕現しないものの現象学」が対抗するのは、まさにこの考え方に対してです。彼らの内在現象学にとっては、志向性（時間化）にせよ弁証法にせよ、僅かでも何らかの仕方で外部を通過する差異化を通して現れるものは、全て実在そのものを隠蔽する偶像に他なりません。それと同時に、彼らの考えでは、一は絶対不可分な一でしかなく、そこに現象の余地は一切ないと考える者にはなお還元が足りないのです。この素朴な先入見、つまり執拗な最後の偶像崇拝を、還元をさらに徹底化することで克服せねばなりません。それは、構造的に「無」を孕み、それを原動力とする弁証法的思考には気付けないほどに「顕現しない／目立たない」、一と多の内密で繊細な絡み合いによって現れる現象なのです。地平上に現れる現象を「粗大」（grossier）だとすると、この内在の現象は「微細な／霊妙な」（subtil）現象です。この一と多、神と人間（魂＝創造的想像力）の内密の絡み合いは、西洋哲学の概念よりもむしろ仏教で「空」の原理を表す時に使う「即」と呼ぶのがふさわしいでしょう。そこで、コルバンの考える根源的イメージの世界を「一即多」と呼ぶことにします。

　コルバン自身は、この「一即多」の事態を「一神教の逆説」（paradoxe du monothéisme）と呼んでいます。それは神＝一が神＝一であるために必要な、弁証法にも時間化にも先立つリアリティとしての逆説であり、それなくしては偶像崇拝が避けられないようなものです。この逆説は一神教の核心にあるものなのです。それは単純に、素朴に理解された「一」よりも本質的な事態、一が一そのものとしてそのまま多に転換する（している）出来事であり、これが魂＝創造的想像力の働きとして、地平＝志向性に代わって実在そのものの現れの原理となります。還元はそこまで徹底され、実在そのものに向かって深化されねばなりません。

この「一神教の逆説」を、コルバンはまた「天使学の必要性」（nécessité de l'angélologie）とも表現します。ここで「天使」とは、一なる神が多様な現象として現れてくる、その現象を表していいます。これは、一なる神が一である、つまり真の神であるためには、それが自ずから多様化して現れねばならないという「一神教の逆説」を裏から表現したものです。そして「天使」というのは、一なる神の自己顕現の垂直性とそのイメージ的性格とを表したものでもあります。コルバンのこの天使の理論はスフラワルディーの天使学に依拠していますが、スフラワルディーは抽象的で眼に見えないプラトンのイデアにイランの伝統的一神教であるゾロアスター教の天使学を重ねることでイメージ化したのです。そして、そのようにイメージとして捉え直された中間界が、シーア派イスラームにおいて中間想像界の理論として練り上げられます。

⑥ 純粋映像としての神顕現

イブン＝アラビーに戻ります。彼の宇宙生成論において、神の内部で創造的想像力＝魂を媒介としてそこに現れる現象はどのようなものでしょうか。それは鏡に映されたイメージだけの世界であり、その背後にいかなる実体性も持たない純粋な映像です。そこには神の外部の感性界、現象学的には地平的世界の中で、現象の本質的な構造をなしている地平的な隠れが一切ありません。したがってそれは射影せず、射影構造の手前に広がる神の内部で現れる奥行きのない現象だけからなっています。

それらの映像は、一即多もしくは一の逆説構造によって、無限に多様でありながら、同じ一つの神の現れとして、厳密に一に留まります。さらに、同じ一つの神を映すそれらの鏡同士が無礙に映し合うことで、それぞれの鏡に映った映像が錯綜し、さらに複雑なイメージの世界が現出します。これが具体的な神顕現としての現象であり、宇宙生成（「天地創造」に先立つ「第一の創造」）なのです。

では、一歩進めて、この現象は具体的にはどのような光景として現れるのでしょうか。それを見るために、今度はスフラワルディーの「照明哲学」を参照しましょう。そこでは、この神の内部の純粋現象が、創造的想像力によって「神秘主義的都市」（cité mystique）や「霊的地理（地誌）」（géographie spirituelle）として詳細に描かれています。

3　スフラワルディーとイマジナルの現象学

以上で、イブン＝アラビーに即して、決して地平内部に現れない（顕現しない＝目立たない）が、それとは別の仕方で現れる神そのものの内在的現象を「神顕現」（théophanie）として見てきました。そこでは、知覚や存在に依拠する従来の現象学は言うまでもなく、神を主題とするいわゆる「神学的現象学」ですらその現象の貧しさゆえに決して届かない「中間界」もしくは「想像界」という新たな現象野が開けたのでした。そして、それを顕わにするためには、自我や思惟が魂の創造的想像力にまで還元的に深まらねば（あるいは上昇せねば）なりません。神の内在における神と人間（魂＝創造的想像力＝鏡）との協働がそのような現象を可能にしたのです。そこでは想像（創造）する主体はあくまでも神であり、それが自己の内部で、はじめからそれを映すために創造された人間の魂を媒体として自己に現れるのでした。

同じ中間想像界（実在そのものの原現前）の現象学が、一二–一三世紀イランのシーア派神智学者スフラワルディーの「照明哲学」（イシュラーク）においても展開されています。それをコルバンが再構成したものに即して見ていきます。先にも言ったように、スフラワルディーこそは、コルバンの最大の導き（霊的ガイド）となった神智学者です。

(1) アーラム・アル・ミサール

スフラワルディーの「照明哲学」（イシュラーク）では、神が顕現する中間界は「アーラム・アル・ミサール」として、新たな現象学的領野として設定されます。「アーラム・アル・ミサール」

とは、先のイブン＝アラビーの神顕現と同じく、地平的世界の一段上の神の内部にある純粋映像の世界です。それはプラトンの文脈ではイデア界であり、またユングの深層心理学に類似した意味で元型《アーキタイプ》の世界でもあります。井筒俊彦は『意識と本質』の中でこれを「形像的相似の世界」と訳していますが、それはまた「根源的なメタファーの世界」とも言われています。つまり、通常の考え（コルバンの概念では「西洋哲学」）では想像されたイメージの世界はこの知覚された「現実の」世界の写し、あるいはメタファーとみなされますが、スフラワルディーでは逆に、創造的想像力によって想像された世界こそがオリジナル（元型）であり、知覚世界がそれの写しあるいはメタファーであるということです。言い換えると、われわれが住むこの世界は、実在の現れとして潜在的多義性を孕むイメージからなる中間界が、その可能性を一義的に限定されて現れたものであり、その意味であくまでも仮りの現れの世界だということです。これはレヴィナスについて論じたところでカバラーの文字テクストとその解釈に関して言ったことに通じています。

　コルバン自身は、この「アーラム・アル・ミサール」という語をまず"mundus imaginalis"（想像界）というラテン語に訳し、それをさらに「イマジナル」（imaginal）というフランス語（といっても彼の造語ですが）に訳しています。このことは、この観念が、現代のフランス語で表現することがかくも困難であるほど、現代の西洋人からは遠く離れたものだということを表しています。いずれにせよ、"imaginal"は、"imaginaire"、つまり「単に想像されただけの非実在的なもの」に対して言われた言葉です。例えば、現象学者の中で想像力をとりわけ重んじるサルトルは、"imaginaire"という言葉を彼の超越概念を示す一つのキーワードとして使いますが、それは現実を否定する非実在的なものの力を意味しています。これはこれである意味でポジティブな使い方なのですが、「イマジナル」は逆に、いかなる非実在性も入る余地のない実在性を表すのです。それを、コルバンは「一つの正確な知覚のあり方に対応する正確な実在の秩序」と表現していま
す。つまりそれは、感性的知覚や思考の器官とそれが顕わにする世界に並ぶ、というよりも、実在そのものを現れさせるがゆえにそれらよりも上位にある一個の独立した器官と、それが映し出す世界だということです。

ただし、再度強調しておきますが、ここで「西洋」というのは、先にも触れたように経験的な地理概念ではなく、スフラワルディーの神智学に固有の「霊的地理」の意味で使われています。この感性的・地平的世界を「西洋」、それに対して神の内部の中間想像界を「東洋」と呼ぶのです。

(2) 宇宙の三層構造

ここで、第二章でも使った井筒俊彦のもう一つの図（『意識と本質』二一四頁）に手を加えたものを再び使います。

これで大まかな構造が分かりますが、「中間界」、「イマジナル」はこの図の中間のCの部分です。

① 頂点のBは絶対無分節の一、神そのもの、その下の三角形はその第一段階目の現れです。

ここはまだイメージとしては現れていないので、その下の中間界とは一応区別します。② その下の四角形の部分（C）がここでの主題であるイマジナル、つまり顕現しない一なる神そのものがその内部で多様なイメージとなって現れた世界です。③ そして最下の部分（A）が、この感性界、現象学的に言えば知覚された地平的世界です。

この三つの世界を、スフラワルディーは次のように説明しています。ただし、彼の霊的地理は極めて複雑なため、大幅に単純化します。

図を上からみていくと、

① 天使的純粋諸知性の宇宙。

② 魂もしくは天使―魂（マラクート）の世界。

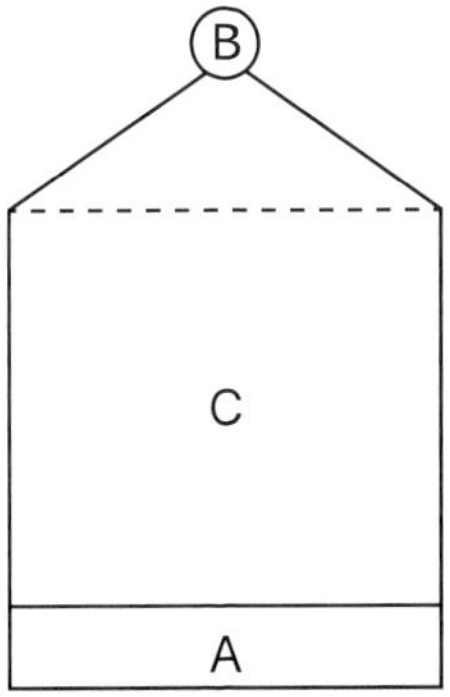

図2

これは「第九領域（IXe Sphère）の凸平面」で始まり、そこには「神秘主義的都市」があります。

③ 感性的・物理的世界＝現象界（モルク）。

ここには「(人間的魂に支配された) われわれの地上の世界」、および「諸領域の魂（Âme des Sphères）に支配された星の (sideral) 宇宙」が含まれます。

これらの宇宙には、それぞれ次の認識器官が対応します。

① 知性（精神＝霊）
② 想像力（魂）
③ 感官（五感＝身体）

スフラワルディーの霊的地理では、この三段階のうち、われわれの住む③の感性界「モルク」は七つの領域からなります。そして、②の中間想像界は「第八領域」ですが、それはさらに上方の①「第九領域（IXe Sphère）の凸平面」から始まるのです。これは②の中間界ですが、それは①の感性界から見れば「非場所の場所」、もしくは「どこでもない場所」（lieu du Non-où）であり、要するに経験的な地理の中には位置付けられないものです。それは地平世界の中で位置付けられる（situé）のではなく、逆に世界を「位置付ける」（situatif）ものなのです。つまり、そこから感性的世界が開かれ、方位づけられて（orienté）構造化される「オリエント（l'orient）＝東洋」なのです。いずれにせよ、この根源的なイメージの世界は、感性的世界や知性的世界と同じく、というよりもそれ以上に存在論的にリアルで、それに固有の「諸次元、形、色」を持った自律した世界だということが重要です。

(3) 東方への上昇としての還元

コルバンの分析を「顕現しないものの現象学」として捉え直そうとするわれわれの文脈では、この幻視的《ヴィジョン》なグノーシス的上昇の物語を、実在そのものにまで徹底化された現象学的還元として解釈することが問題です。これまでの文脈では、還元は世界の「主観的な」手前、あるいは深層に向けて、意識から魂へと深まってゆくイメージでしたが、ここでは逆に、地上から天上へと上昇してゆくイメージです。これらのイメージはどちらも可能ですが、コルバンは後者の上昇モデルを選んでいます。ユングが深層心理学の視点から深層意識モデルを取るのに対し、コルバンは問題になっているのが心理学的な意味での無意識もしくは深層意識ではなく、形而上学的な意味での超意識であることを強調するのです。

差し当たり地上にいる人間は、この階層世界を感性的世界からイマジナル界へ、そして知性の世界へと段階的に上昇していきます。その過程をスフラワルディーは著書『緋色の大天使』(“*Archange empourpré*”)の中で、「幻視《ヴィジョン》的物語」として次のように語ります。ただし、ここで「幻視的物語」(récit visionnaire)と言うのはもちろん「幻想」ということではなく、ヴィジョン的、つまり天上界もしくは中間界を創造的想像力によって実際に見てきた語りだということです。先の“imaginaire”(想像的なもの)に対する“imaginal”にあたります。そこでは現象学的記述に物語が取って代わります。従来の現象学的記述が地上(地平)世界をもっぱら主題にし、それを明証的・一義的に直観して記述するのに対し、中間イマジナル界は創造的想像力によって経験(想像)されるため、象徴的な多義性を概念や意味によって限定されることなく表現しうるヴィジョン的物語によって物語られるのです。

物語の主人公は「異邦人」（étranger）ですが、彼は「グノーシス者」であり、本来は天上に属しながらもこの感性界に追放され、囚われの身にあります。今、彼はそこから脱出し、砂漠の中にいますが、そこである美しい若者に出逢います。その若者は感性界に存在する者ではなく、純粋な映像のみからなる中間想像界において現れた、幽霊のような「現れ」に過ぎません。まさにイブン＝アラビーの純粋映像の世界です。

この若者は緋色の着物を纏っているのですが、その色は本来純粋な光の色（日の出の赤）だったものが、感性的世界の闇と混じって「黄昏の赤色（緋色）」に薄まってしまったのです。彼は言います。

> 私はカフ山の彼方、「非－場所の（どこでもない）国」からやって来ました……。そこで、あなたははじめにあなた自身だったのです。〔感性界の〕桎梏からついに逃れたとき、あなたはそこに帰るのです。

ここで言われている「カフ山」とは、コーカサス（カフカス）山脈にあると言われるイランの伝説的な霊峰です。それはエメラルドからなり、霊鳥シモルグが住むと言われています。そしてこの山が現世と中間イマジナル界（天上界）とを分かつ境界線です。つまり、「カフ山の彼方へ行く」ことは、この世界に囚われの身となったグノーシス者の自己が、天上界の真の自己に帰ることです。そこで自己は、第二の誕生によって、感性界の非本来的な自己から本来の自己へと生まれ変わるのです。

若者は異邦人に言います。「そのためには〈生命の泉〉に浸からねばなりません。真の実在の意味を発見した者は、かの泉に到着したのです」。そして、その泉から汲んだ水を太陽に向けると手が透明になり、カフ山を越えて天界へと上昇することができるのです。

そこで、「宇宙的な山」としての「カフ山」は「心的・宇宙的な山」へと変容します。つまり魂に還元され、体験の内部構造として現象学的に捉え直されて、「物理的宇宙（感性界）」から「霊的宇宙の第一段階（中間イマジナル界）」への移行が行われます。

⑷　グノーシス的還元による内と外の反転

この、グノーシス的経験という形でのラディカルな還元の遂行において、①「外部、見えるもの、顕教的な（顕現した）もの（zāhir）、自然的（感性的）世界」と、②「内部、見えないもの、秘教的な（隠れた）もの（bātin）、霊的世界」との関係が問題になります。「ザーヒル」（zāhir）と「バーティン」（bātin）とはイスラーム神智学の聖典解釈学「ターウィル」で、聖典の解釈によって現れた意味とその背後に隠れる潜在的な意味のことですが、それは地平の現象学における

「現れと隠れ」、「見えるものと見えないもの」の対とは次元を異にします。ザーヒル／バーティンは世界ではなく、神の内部での神自身の現れ（イマジナル）の構造であり、そこでは現れと隠れは地平を一切介さないため完全に一致し、先に使った言葉で言えば「一即多」に他なりません。

イスラームの伝統では、階層宇宙のグノーシス的な上昇、つまり徹底化された現象学的還元によって感性的・地平的世界の中の「どこ」かの位置付けから脱出することは、「胡桃の実を、それを包んでいる殻を剝いて外に出すこと」というメタファーでイメージされます。つまり、地上においては外部が内部を包んで隠しているのですが、その外部の殻が感性的・地平的世界を、そして内部の実が神の内部の世界をそれぞれ表しています。このように、囚人＝異邦人が故郷に帰ることが、胡桃の殻を剝いて実を外に出すことに擬《なぞら》えられているのです。

そこで、胡桃が剝けて世界からの脱出が遂行されるや、ある転換が起こります。はじめに外だった感性的世界（殻）が内になり、内だった神の内部の「霊的世界」が外になり、霊的世界が感性的世界を包んでその中に位置付けるに至ります。かくして感性的世界は霊的世界の中に組み込まれて、神の象徴へと変容するのです。今や、霊的世界の「非―場所」が感性的世界の「場所」を包み、あらゆるものの「場所＝どこに」であった感性的世界が「どこでもない場所」の内にあります。このことが理解できれば、ヴィジョン的地理の本質を理解したことになります。

このようにグノーシス的な上昇＝還元の果てに「内が外になり、外が内になる」というのは、現象学的には感性的世界が中間界まで吊り上げられて、知覚された世界が創造的想像力によって想像されたイマジナル界に変容するということですが、スフラワルディーはこの世界を「留保された世界」と呼んでいます。この「留保された」とは、まさに現象学的な表現です。それは、フッサールの文脈では、現象学的還元の第一段階であるエポケー（判断停止）によって、あらゆる実在的な実体から引き離されて「宙吊りになった」現象の世界です。しかし、先に指摘したように、同じ表現を使っても、スフラワルディーの神智学の場合は「宙吊りにする」ことによって現象を地平世界から一段階「吊り上げる」ことであり、それがフッサール的な還元との次元の違いを示しています。これが、イスラームの神智学に、これまでの現象学に対してさらに徹底化された現象学を見出すことができる理由なのです。

(5) ターウィル——象徴の解釈学

このように徹底して魂＝創造的想像力にまで還元され、そこで内部（一）によって包まれた外部（多様）の世界、つまり中間イマジナル界は、実在そのもの、すなわち一なる神の象徴の世界です。そこでは、感性的世界において、地平の中で一義的に限定されて「何か」として知覚されていた世界は、実在そのものが垂直に現れたものとして、潜在的で多義的な象徴（井筒俊彦はこれを「元型イマージュ」と呼びます）に変容します。例えば、「出エジプト記」で、モーゼが砂漠で「燃える柴の木」を目撃し、そこから神が彼に呼びかけてくる場面があります（「出エジプト記」

三—二)。この柴の木は、普通の「柴の木」として知覚されていますが、同時に神の象徴として創造的想像力によって想像されてもいます。ここでは、知覚された木がまずあって、それを神の象徴として後から意味づけたのではなく、逆に神の象徴としての木が一つの意味に限定されたものが知覚された木なのです。それは単なるどこにでもある木に過ぎないのであり、象徴としての木が持っていた多義的な意味が極限まで削がれ、それを取り巻いていたあらゆる神話的オーラは消え去ります。その聖なるオーラが、上昇的な還元の果てに実在そのものの自己顕現として取り戻されるのです。

イランの細密画は、そのような象徴だけからなる中間イマジナル界を図のように描いています。ここには、この感性界と同じ山や木、川が二次元で描かれていますが、それは人間が主体となって遠近法的に知覚する世界ではなく、創造的想像力によって想像されたイマジナル界のイメージです。このイメージの平面性は、それが現実の風景ではなく神話的な世界であることを感じさせます。

コルバンの「顕現しないものの現象学」は、もっぱらこの象徴＝元型イマージュの世界で展開します。それはイブン＝アラビーの宇宙生成論で見たような、いかなる実体もない純粋映像の世界であり、また、スフラワルディーが描く神話的な山や川、動物や植物からなる「霊的地理」、あるいは「神秘主義的都市」です。それは神の象徴であると同時にこの世界の元型として、両者を結ぶ中間界であり、そこに接近するには知覚ではなく象徴の解釈によるしかありません。「顕

図３　イランの細密画

現しないものの現象学」はここで解釈学へと転換するのです。第二章で見たレヴィナスにおいて顔の現象学の背後にユダヤ解釈学があったのと同じですが、この点がユダヤとイスラームとのセム的一神教に共通しています。

ハイデガーも『存在と時間』において、存在の問いにおける現象学の限界を補うために解釈学を導入しました。それは、彼が問う「存在すること」という事象には、フッサールの現象学のように志向性を介してその外部から接近することができず、常にすでに存在している存在者である現存在から出発して、その内側からしか接近することができないからです。いわゆる解釈学的循環です。

ハイデガーが依拠したのはディルタイに代表される哲学的解釈学ですが、コルバンが使用するイスラーム神智学の解釈学はそれとは全く性質を異にします。イマジナルの世界は対象でもなければ存在者でもなく、神の象徴であるゆえに、従来の現象学でも哲学的解釈学でもなく、独自の象徴の解釈学が必要とされるのです。世界はそのまま、その全体が神の象徴です。一即多＝一神教の逆説の現象学的原理によって、唯一の神は即多様な象徴として現れます。象徴の解釈学、あるいはイマジナルの現象学は、この一即多の現象化原理によって、フッサールの現象学やハイデガーの現象学／解釈学とは異なり、象徴を通して神そのものに触れるわけです。

このイスラーム神智学の象徴解釈学が「ターウィル」です。ターウィルは、レヴィナスのところで触れたミドラシュ解釈学と同じく、神が文字＝象徴となって現れたもの、つまり唯一の実在そのものが多様な形を取って現れたものの深い意味を探るものです。それは「現れ」（ザーヒル）と「隠れ」（バーティン）とからなっていますが、それは「多」と「一」ということであり、しかもそれらが「一即多」として「即」で結ばれている点が重要です。つまり、先にフッサールの「生き生きとした現在」の分析に即して見たように、根源的な時間化において「一＝立ち止まり」と「多＝流れ去り」が分離しつつ接合されるのに対して、ターウィル解釈学においては、「多＝ザーヒル」（現れ）は即（垂直に、と言ってもいいです）、そのまま「一＝バーティン」（隠れ）なのです。聖典解釈は神の象徴の解読として、常に新しい意味を発見しますが、それは、現れ（新たな意味）がそのまま隠れ（神そのもの）であり、それは神がその解釈において現れ切っていることを意味しています。

この、神＝実在そのものの完全な現れを、われわれは序論から「事象そのもの」として規定してきました。それをコルバンは、イスラーム神智学を通して象徴という豊かなイメージの世界として示したのです。それが「イマジナルの現象学」としての「顕現しないものの現象学」なのです。

終章　生命と否定

最後に、アンリと同じく生命を「顕現しないもの」として主題化しながら、後期フィヒテの像理論に依拠して、そこに生命を生命たらしめる根源的な契機として否定性を導入し、否定性をいっさい認めないアンリの議論を解体しようとする新田義弘の現象学について論じます。この現象学は、これまでに本書で論じてきた三人の現象学者たちが三つの一神教の神経験を現象学的に記述したのに対して、宗教的経験に基づきながら、そこに留まることなく、それを知識論へと展開した点で際立っています。

新田義弘の哲学は、教説ではなく一つの「問い」であり、その多岐にわたる議論を一つの根本的な問いが貫いています。彼の思想を真に理解するには、その問いを自らの生の中で生き直し、そこから自分なりの新たな問いを立ててゆくこと以外にはないでしょう。そのための基礎作業として、以下で彼の思惟の歩みの大筋を辿り、それを貫く問いが何であったのかを明らかにしたいと思います。それは、思惟に抗う矛盾として意識の表面に姿を現した生命を、思惟が自らその中に入り込み、それに成り切ることによって変貌しつつ自己の深みに探ってゆき、遂には「否定」

と「同語反復」でしか語れない生命そのものの真相にまで迫る思惟の道なのです。これは思惟を媒介とした生命そのものの内的な自己深化の道なのですが、その道の三つの目印は、「生き生きした現在」、「生命の二重の自己否定」、そして「顕現しないもの」です。

1 現象学の限界現象――「生き生きとした現在」

(1) 近代的主観性の脱構築

新田の一貫した構想は、近代的な主観性を解体し、それを改めて生命の中で捉え直すことであり、そこに開ける「深さの次元」において、経験を生命の像として再編することです。しかし、それは超越論的な見方そのもの(反省の方法)を否定するものではありません。それは近代的主観性の単純な否定ではなく、むしろその一種の脱構築であって、反省の方法を徹底することによって主観性の底に捏造《ねつぞう》されたその基盤を暴き、それを取り除くことで別の思惟に導いて、それを通して主観性をより深い「生命の自己限定」として捉え直そうとするものです。

この目的を遂行するために、新田はフッサールを最初の研究対象に選んだのですが、それはフッサールの徹底して事象そのものに即した記述こそが、近代知の中では原理的に理解できない事実（「理性の他者」）を突きつけることによって、近代的主観性をその内側から突き崩す可能性を秘めており、あるいは少なくともそのための手がかりを与えることができるからなのです。現象学が近代的な自己誤解から解放されるのは、現象学的方法（明証的直観による記述）を徹底することによってでしかありません。記述の外から別の原理を持ち込んで近代を批判することは、取り除かれるべき先入見に他の新たな先入見を置き換えるだけであり、それでは近代の地平そのものを脱することはできないのです。

このような作業によって、近代的主観性は自ずからその限界を露呈し、別の形態に変貌します。そこから改めて、生命の自己否定的な現れとして、世界の新たな記述が行われるのです。

(2) パースペクティブ理論としての現象学

では、現象学を徹底化することによって解体されるべき思惟の体制とはいかなるものか。そしてそれによって、何が解放されるのでしょうか。

新田は、現象学が本来パースペクティブの理論であり、しかもそれが近代知の本質である点を強調します。しかし近代知は、その中心に主観性を据えたことにより、パースペクティブ理論が本来持つ力動性を失わせてしまいました。徹底化されたパースペクティブ理論としての現象学は、自覚されていない前提を取り除いてこの力動性を取り戻し、パースペクティブ性が持つ本来の可能性を取り返そうとするものです。

パースペクティブとは、本来、世界を一定の視点から見ること、あるいは世界が一つの視点を通して一面的にしか現れないことであり、本来このことだけを意味しています。フッサールが志向性として導入したのは、この現れ方、見方に他なりません。それは、「何かについての意識」よりもむしろ「現出者の現出」として表現すべき性格のものなのです。

この現象構造、すなわち志向性の導入によって、世界は視点からの一面的な現れに制限されたかに見えますが、実はその逆に、視点から見える面に随伴して広がる見えない無限の地平が開けることによって、むしろ知は制限から解放され、拡大されます。現象学によるこの知の地平的拡大は新田のテーマの一つであり、一時期、これを解釈学と連動させて知の理論として主題的に分析していました。

しかし、新田が地平の開放性とともに、あるいはそれ以上に強調するのは、この視点理論が、経験を解放すると同時に、適正な批判を欠く限り、全てを地平（見えるもの）に還元することによって、逆にそれを閉鎖させる危険を伴っていることです。この危険は、思惟が、現象学的に視点を単に「現れ方」とするだけでなく、そこに「視る者」を想定することで、パースペクティブ理論から外れることによって招来されると考えられます。

近代哲学はまさに、この純粋なパースペクティブ的現れの世界を外れて、単なる視点を自我として固定し、それを実体化します。そして、世界を、多様な視点に対する現れの無礙な交錯としてではなく、超越論的自我によって構成されたものと考えます。ここに、事実に反する非現象学的な誤謬と擬装とが生じるのですが、それは近代哲学の体制の中では忘却され、隠蔽されてきたのです。

それのみならず、フッサール自身がこの近代的自己誤解に囚われて、志向性を自我の機能とし、その自我も志向性によって構成されうるものとしました。彼の時間分析は、基本的に、少なくとも一九〇五年の時間講義においては、この超越論的主観性の自己構成を問うものであり、同じ志向性によって世界と自我とが同時に構成されることを解明しようとしたものです。

このような現象学の自己誤解から、本来の現象学的な、すなわちパースペクティブ的な現れだけからなる世界の見方を解放する方途としては、そこから近代的な意味での超越論的主観性そのものを取り除いて世界に主導権を移し、それを、視点を介した自ずからなる現出のシステムと考えることがまず考えられます。これはフィンクやパトチカが採った道であり、新田もこの方向性に親近感を持っていたと考えられますが、彼自身はそれとは別の道、超越論的反省を徹底化することによって自我の実体性を解体する道を採るのです。

(3) 三つの超越論的限界現象

ある視点から世界が見えるという端的な事態を、超越論的自我による世界構成に帰する対象化的思惟の限界は、超越論的主観性が自己自身を基礎付けようとする時に露呈されてきます。つまり、全てを見る「見ることそのこと」が超越論的主観性の働きとされるのですが、その「見ることそのこと」は決して対象として見られることはなく、見られたものから隠れてゆきます。つまり、可視的な世界は視点が隠れることにおいて現れるのですが、それは純然たる隠れの動き以外の何ものでもないのであり、経験を基礎づけることができるような自我の実体性を持ってはいません。

この超越論的主観性の限界は、単に考えられるだけでなく、フッサールの記述の中で事実として、時間、身体、他者という三つの限界現象として発見されました。それが限界現象だと言うのは、それらが見えないだけでなく、矛盾としてしか記述できないからです。

近代の思惟において超越論的自我とされてきた経験の原構造は、現象学的記述において、時間に関しては「生き生きとした現在」における「立ち止まりつつ流れ去る」という矛盾として、身体においては、そこから空間が根源的に開かれる視点（「定位零点」）としての生きられた身体と、空間内で対象として見られた物体としての身体との矛盾として、他者においては、それが世界の中に身体を持って現れていながら、他者としては絶対に現れない他者であるという矛盾として、それぞれ露わになります。

新田は、フッサールを中心とする現象学を主題にした彼の初期の著作『現象学』（一九七八年）において、すでにこの三つの限界現象が問題になっていたと言っていますが、それが何を意味するのか、あるいは何がこの矛盾をその根底で形成しているのかを解明することが、彼のその後の課題となりました。

三つの現象のうち、時間性を例にとってこの矛盾をさらに分析してみましょう。時間性は、フッサールによる一九三〇年代のC草稿の「生き生きとした現在」の記述では、一九〇五年の時間講義に見られるような、対象の構成およびそれと連動した主観性の自己構成に働く志向性としてではなく、その根拠（もしくは真相）をなす超越論的な自己そのものの原構造として扱われています。それは固定した実体ではなく、「立ち止まりつつ流れ去る」現在の動き（出来事）として記述されますが、そこで「立ち止まり」と「流れ去り」の二つの契機は、対立の中で統一される矛盾した関係にあり、その関係が、二つの契機をつなぐ「つつ」という（ドイツ語では現在分詞で表される）言葉で表現されているのです。本書を通じて見てきたように、この言葉が何を意味するのかが「顕現しないもの」という、新田現象学のみならず、現象学一般にとって最も深い問題の一つになってゆきます。

新田はこの二つの契機のうち、多様を取り集める統一である「立ち止まり」（パルメニデス的契機）を現れの世界から「隠れること」とし、多様化する「流れ去り」（ヘラクレイトス的契機）を「現れさせること」として、「生き生きとした現在」の原構造に「隠れつつ現れる」という現象学の根本論理を読み取っているのですが、これはまた「原差異化」とも呼ばれる新田現象学の鍵概念の一つであり、超越論的な身体と他者の経験もこれによって成り立つとされます。

この、世界を現れさせる超越論的な出来事として、超越論的自我に代わるものとして発見された三つの限界現象、「隠れつつ現れる」原差異化とは何を意味しているのか。それをさらに深く究明するために、新田は、超越論的反省をその限界にまで徹底化した後期フィヒテの像理論を参照します。

2　生命の二重の自己否定――フィヒテの像理論

一八〇〇年頃に転回を迎えたとされるフィヒテの知識学は、超越論的自我の徹底した反省的究明から、その自我が挫折する地点において絶対者（生命）がいかに像化され、現れてくるかの分析に向かいました。

新田は、フィヒテによる難解を極める分析を徹底して追うことで、「生き生きとした現在」においで記述が突き当たった矛盾が、絶対者としての生命の自己像化が意識の表面に姿を現したものであることを突き止め（真理論）、その自己像化からさらに世界が多重的な像のシステムとして現れてくる過程を明らかにしていますが（現象論）、ここではその詳細に立ち入ることはしません。ここでは、絶対者としての生命がいかにして、近代的主観性によって対象的に表象されることで偶像と化すことなく、そのものとして現れうるのか、そして、その現れに出会うことによって、いかにして近代的主観性が徹底して解体され、変貌するのか、そのメカニズムだけに議論を絞ることにします。

フッサールの分析の中で、超越論的主観性であり、対象化的思惟である自己は、「生き生きとした現在」の矛盾に突き当たることで挫折しました。しかし、フィヒテが扱う次元においては、この挫折は、単に近代的自我が絶対者の前でその無力をさらし、理解不可能な他者を前にして自己を滅却したということに尽きるのではありません。そうであれば、思惟は否定された形であれ、近代の対象化的思惟の次元を出ることはないでしょう。

それに対して、近代的思惟の地平よりも一次元深いところで展開されるフィヒテの絶対者（生命）の像化の論理の中では、対象化的思惟（近代的自我）は絶対者（生命）に突き当たることで単に否定されるのではなく、むしろ、生命の矛盾に耐えられないという形でその思惟を限界づけていた近代的形態を解除されて、生命の中に入り、生命をその内側から、つまり生命そのものとして経験できる別の思惟へと変貌を遂げるのです。

ただしそれは、思惟が自己を否定することで絶対者の中に入り、それと一体化する神秘主義ではありません。そうではなく、思惟が自己否定することで絶対者（生命）の中に入るとは、絶対者（生命）自身の自己否定の中に巻き込まれて思惟が自己否定することを意味しています。つまり、思惟の自己否定における「自己」とは、絶対者（生命）が自己否定する際の「自己」と別のものではないのです。言い換えれば、絶対者の自己否定は、思惟の自己否定を通して（新田はこれを「生ける交錯（lebendige Durch）」と呼びます）、それを媒介としてのみ起こるのです。唯一の否定が二重化して起こる。これが、新田が「二重の否定」と呼ぶ、生命の最も根源的な出来事なのです。

ところで、この自己否定とは、像化（現象化、顕現、啓示）のことに他なりません。絶対者は、それ自体では絶対に未規定（見えないもの）であり、対象的思惟の次元にある限り決して像となって現れることはありません。それがなぜ、いかにして、絶対者であることをやめずに像となりうるのか。この、「絶対に現れないもの（隠れ）が現れる」という矛盾、これは「生き生きとした現在」の矛盾よりもはるかに深い生命そのものの矛盾、というよりもむしろ逆説なのですが、それが「二重の自己否定」の意味なのです。すなわち、

① 自己を否定して自己像化するのが絶対者自身であり、外から（自我によって）表象されるのではないゆえに、現れてはいてもそれは偶像ではなく、絶対者そのものの現れである。

② そして、その絶対者の自己否定＝自己像化が、対象化的思惟ではなく、自己否定した思惟を媒介としてなされるがゆえに、それは偶像ではなく、絶対者そのものの現れである。

同じことを逆に言えば、絶対者の自己像化（自己否定）の内的媒介になることによってはじめて、思惟は真に自己否定するのです。この二重の自己否定を介して、はじめて絶対者としての生命は像として現れることができます。

こうして、「生き生きとした現在」に現れた矛盾は、単なる思惟の欠陥ではなく、絶対者（生命）そのものの矛盾／逆説（自己否定）が意識の表面に浮かび上がってきたものであることが明らかになります。その内部に入ってその矛盾／逆説＝生の自己否定を共に生きることにより、挫折した思惟（超越論的主観性）は単に否定されて絶対者の中に取り込まれるのではなく、生命そのものをその媒介となって自己像化せしめる新たな思惟として目覚めます。それが「超越論的媒体性」と表現されます。

3　「顕現しないものの現象学」

これまで見てきたように、「顕現しないもの（目立たないもの）の現象学」（Phänomenologie des Unscheinbaren; phénoménologie de l'inapparent. 新田はこの語を「顕現せざるもの」と表記しますが、ここでは「顕現しないもの」に統一します）とは、一九七三年にツェーリンゲンで行われたゼミナールでハイデガーが使用した言葉として知られていますが、それはパルメニデスの

「存在は存在する」という、形而上学の核心を表現した言葉の解釈の中で現れたのでした。つまり、ハイデガーにとって「顕現しないものの現象学」は西洋形而上学全体をその根本から改めて問い直すもの（それを誤謬から救うもの）であり、その意味で、まさに「存在の問い」の究極の形態なのです。それを、ハイデガーが『存在と時間』以後封印されていた「現象学」として行った点が重要であり、新田はこのことを通して、後期ハイデガーを彼自身の現象学の中に取り入れるのです。

　ところで、新田も強調しているように、この定式は存在論的差異を改めて表明したものに他なりません。「存在は存在する」とパルメニデスが言う時、この言い方はハイデガーにとってまさに存在を存在者と取り違えるという、西洋形而上学の根本にある宿痾《しゅくあ》を端的に表現したものです。ハイデガーの読みは、これを「現前しつつ：現前することそのこと」（Anwesend:Anwesen selbst; entrant en présence: entrer en présence même）という同語反復として語り直すことによって、パルメニデスの存在経験を、「存在は存在する」という定式によって偽装され、隠蔽される以前の原初的な存在（現前）経験に現象学的に引き戻すことを意図しています（新田はAnwesen を「現前」ではなく、おそらくその動きの性格を強調して「現成《げんじょう》」と訳しています）。そして、この同語反復で表現される事態を、ハイデガーは「顕現しない（目立たない）もの」（Unscheinbares; l'inapparent）と呼ぶのです。より正確に言えば、「顕現しない（目立たない）もの」とは、“Anwesend : Anwesen selbst”（「現前しつつ：現前することそのこと」）という表現の中で、動詞“Anwesen”の現在分詞形”Anwesend”に、また同じ動詞を内的に反復して区別しつつ接合する“：：”に表れており、これが存在論的差異の究極の表現なのです。

それは、新田がよく使う表現では「原亀裂」（Grund-riß）であり、それを介することによって生起する「二重襞」（Zwiefalt）ですが、この原事態は、二重襞の折り目の目立たなさ（顕現しなさ）ゆえに、「生起は生起する」（Ereignis ereignet sich）、「世界は世界する」（Welt weltet）といった別の同語反復でも表現されます。

このパルメニデスの言葉の新田による読みの本質は、存在に関わるハイデガーのこの究極の洞察を、彼がフィヒテの読みの中で獲得した生命の現象学として読み換えることにあります。すなわち、それを「地平的思惟が挫折して生命の現れの中に巻き込まれ、この思惟を通して生命が二重に自己否定する」（転回《ケーレ》する）という時の、「自己」（超越論的媒体性）と生命の否定を介した内的関わりの現象学的表現として読み直すのです。フィヒテの議論で見たように、彼の像理論の本質は、絶対者（生命）が、そこに否定的に組み込まれた自己を介することで、そのものとして像化するという点にありました。そしてハイデガーの「顕現しないものの現象学」の本質も、同じように、それがもはやいかなる存在者の存在でもなく、「存在そのもの」（Sein als solches）、もしくは「現前することそのこと」（Anwesen selbst）の現れである点にあります。

新田によれば、ここに、「二つの差異項が、すなわち隠れを脱することと隠れることとが、否定性を介して相互に依属しあい、密接に結ばれている」という否定性の論理が語られているのです。

このように見てくると、あくまでも意識の平面で、その限界現象として出会われる「生き生きとした現在」の分裂を介した生動性（Lebendigkeit）を、より深い生命の次元で、生命（Leben）自身の二重化した自己否定が自我の根底で起きる際の生動性として捉え直され、さらにその生命論を、「顕現しないもの」の隠れつつ現れる動きに接合することで現象学に取り込んでゆく新田の思惟の歩みは、極めて大胆で独創的なものであることが分かります。

この「理性の他者」に身を晒すことで主体がどのように変貌するのかは分かりません。それは徹底して未知のものに触れることなのだから、厳密には経験とすら言えないでしょう。新田は、そのような根源的な出来事を、時間のみならず、身体や他者といった他の限界現象を通しても考えていましたが、それはメルロ＝ポンティやレヴィナスによって主題的に究明されました。

メルロ＝ポンティは、身体性を存在（肉）の内在的自己顕現の媒介へと深化させたその後期の思惟において、見えるものと見えないものとの地平上での可逆的な交錯の只中に、絶対に不可逆的な見えないものが垂直に働いていることを、画家の身体を通した像造行為の内に見出しました。

また、レヴィナスは、理性の他者が、他者の顔の対面という限界現象を通して、近代の主観性に同化されることなく垂直に隠れることで、そのものとして現れうることを示しました。その全く未知なるものの現れを蒙ることで、超越論的主観性は解体され、他者への応答においてはじめて覚醒する主体へと変貌を遂げるのです。

しかし、顕現しないもの（絶対に見えないもの）への現象学的な問いの中でも、新田の議論に直接に関わってくる、おそらく最も単純であると同時に最も深く、難解な問いは、まさに新田が問うた、理性の他者たる生命の、自己そのものの根底における現れへのさらに徹底した問いです。それは、絶対者（生命）は、どんなに目立たない（顕現しない）ものであっても、否定性、つまり差異化を媒介することなしに現れることはないのか、というものです。生命はいっさい自己否定することなく、全く固有の、未曾有の仕方で、自己の内部において完全に現れ切ることはないのか。つまり、自己が、生命の像化を超えて（あるいはその手前で）、もはや全く像のない生命そのものになり切ることはできないのか。さらに言えば、それが実現できた時、それこそが真の生命ではないのか、ということです。この強烈な問いはアンリが提起したものであり、こうしてわれわれは本書の冒頭に戻ってきました。新田は、このような生命のあり方を、宗教的な境地としては一応認めつつも、哲学としては退けました。彼は、哲学である限り、そこに何らかの差異化を通して知を介入させねばならないと考えるからです。しかし、新田も指摘しているように、これはフィヒテ自身が像化理論とは別の宗教論の中で、最終的に到達すべき境地として語っているものです。新田による批判を受け止めつつこの問いを改めて問うことは、新たな「顕現しないものの現象学」の課題なのです。

付論　動きのなかに入り、共に動くこと
――「顕現しないものの現象学」から考える

フッサールの現象学的方法論とその可能性
「顕現しないもの」はいかに現れるか
「現前しつつ：現前することそのこと」としての実在
顕現しないものの現れとしての「一即多」
一即多の現れとしての「中間界」
多様な現象として「実在そのもの」が現れる
現れつつ隠れるものとしての実在
「実在そのもの」と共に動くこととしての「顕現しないものの現象学」
動きのなかに入り、共に動くことで生まれる創造

フッサールの現象学的方法論とその可能性

——永井先生のご著書、『現象学の転回——「顕現しないもの」に向けて』（知泉書館、二〇〇七年）と、その続編ともいうべき『〈精神的〉東洋哲学——顕現しないものの現象学』（知泉書館、二〇一八年）をとても興味深く拝読しました。学生時代に学んだ「現象学」が、現代ではこんなふうに研究が進められているのかと、改めて驚きます。ここでは「自動化」というテーマですから、現象学がご専門の永井先生にご登場いただくのは少し強引に感じられるかもしれません。しかし、かなり本質的なところで両者はつながっているのではないかと考えています。

そのつながりを明らかにしていくために、先生が取り組まれている現象学とはどういう学問なのか、というところからお話を始めていただき、そこからとくに永井先生が独自に展開されている「顕現しないもの」とは何をさすのか、その「顕現しないもの」を最新の現象学はどのように捉えようとしているのか、その辺りからうかがっていきたいと思います。

永井先生は、現象学を「事象そのもの」へ接近する試みだと説明されていますね。

はい。フッサールが提唱した現象学は、ハイデガー、サルトル、メルロ＝ポンティ、レヴィナス、アンリ、デリダ、マリオンといった多くの錚々たる哲学者によって批判的に継承されてきました。現代哲学の大きな潮流となってきた考え方であり方法論ですから、そこにはさまざまなアプローチがありますが、私はフッサールからハイデガーを経て、さらにレヴィナスやアンリ、マリオンによる、いわゆる「神学的現象学」への展開が非常に重要だと考えています。

フッサールは現象学の目標を、いかなる先入観や独断にもとらわれることなく、いかに「事象そのもの」に接近できるか、というところに置きました。その際、フッサールの本来の意図は認識論的、あるいは真理論的なものです。

私たちは普通、感覚をとおして見たり、聞いたり、触ったり、嗅いだり、味わったりするものを客観的実体として存在すると思っています。フッサールは、このようなものの見方を「自然的態度」と呼びます。たとえば、「そこに机がある」という時、私たちは視覚に与えられたものを、無自覚に「机」という客観的なものとして見ています。つまり、机の実在を素朴に信じるわけですが、その際、「それがどのように与えられているか」ということは問題にされていません。

けれどもその感覚は、私たちに「主観的に」与えられます。ただしここでは、「主観的に」が「(実体としての)主観に」ではないことに注意してください。フッサールの現象学は、デカルト的な主観と客観の実体的な分離の手前に遡って、事象そのものが直接現れている現場で哲学することですから。しかし、ここで「直接」と言っても、それはそう簡単なことではありません。私たちは、「事象そのもの」を直接受け取っているのではなく、それは必ず私への、その意味で「主観的な」現れを経由しているということです。このことを自覚することが、「事象そのものへ」向かうことなのです。単に「机」という統一的で客観的な対象に直線的に向かうだけでなく、それが必ず、この「私」に与えられるということ、その自覚がフッサール現象学の始まりです。ただ、この「私」ということがいったい何なのか、それはどのようにして構成されるのかが、のちに時間の分析の中で問題になってくるのですが。いずれにせよ、この主観的な現れの必然性を明らかにしない限り、私たちは経験を正しく捉えられていないのではないか、とフッサールは問います。

現象学では、還元を遂行して、ものが「どのように与えられているか」を反省的に明らかにすることで、「事象そのもの」へと迫ろうとします。「机」は、今私がいるところからはこのように見えるけれど、真上から見ると違う形に（違う現れ方で）見えるし、過去の経験を想起してもそれぞれの時点から「机」が想起されて現れ、また、私と私以外の誰かが見るのは同じでも、その現れ方はもちろん違っている。今私は、そういういろいろな見え方をひとつの同じ机の多様な現れとして綜合し、一つの統一体としてその「机」を見ているわけです。フッサールは、このように一つの対象がそれぞれの見え方を通して現れる現れ方を「射影」と呼び、対象は必ず、空間や時間、あるいは自他の差異などに即して、あるいはそれらに限定されて現れてくると考えます。彼はそのようにして、現象学的な還元とそれによって顕わになる射影を通した現れ方によって、単に考えられただけではなく、現に目の前にある「事象そのもの」に迫ろうとしたわけです。

しかしここで問題なのは、フッサールが、そのような反省によって発見され、主題化された主観的な与えられ方を「構成」によってもう一度「机」という客観的な統一体に引き戻し、同じ一つの「机」の多様な現れにしてしまったことです。つまり、いったん主観的な「現れ」に戻る「還元」には、必ずそれを客観的な「現れるもの」へと引き戻す「構成」が相関すると考えた。ここが重要なポイントの一つです。これは普通の知覚を考えれば、あたりまえのことなのですが、それでは新たな発見はありませんね。真理の確証があるだけです。

ところでハイデガーは、還元を何らかの対象（ハイデガーは、これを「存在者」と呼びます）としては「現れていないもの」、彼の後期の言葉では「顕現しないもの」へと深化拡大させます。彼が現象学の主題とする唯一の事象は「存在すること」ですが、それはそれ自身が存在することは決してありません。存在することが存在するとすれば、それは存在者（存在する「もの」）になってしまい、もはや存在する「こと」ではないからです。つまり、ハイデガーにとって「存在すること」が問題だと言いましたが、正確に言えば、それが「存在者としては現れない」ということ、その「否定」こそが重要なのです。存在することが現れるとすれば、それは、われわれが存在者の世界の中にいる限り、さしあたりこの否定として以外にありません。それを彼はある時期、「存在論的差異」と呼びますが、この場合、「存在」が「存在者」との差異において見られている限り、正しい呼び方ではありません。ハイデガーが「現れていないもの」、あるいは「顕現していないもの」と言う時、ここまで射程に入っているのですが、彼はその思惟の最終局面においてようやくそこに辿り着きました。「顕現しないものの現象学」とは、この境位に至って初めて言われたことなのです。

さて、さきほどのフッサールの還元に戻りましょう。ハイデガーは一九二七年に発表された『存在と時間』以降、現象学という言葉を封印していたのですが、晩年、彼の思惟の最後に至って改めて「顕現しないものの現象学」ということを言うようになります。「存在の現象学」ではなく、「顕現しないものの現象学」です。この言い換えが重要です。ここでは存在者としては「現れていないもの」、「顕現していないもの」に向けて還元が行われるわけで、そこでは当然、「存在すること」が「現れて」いるわけですが、その「現れ」はもちろん、もっぱら対象（存在者）の現れに関わるフッサールの志向性のように、「存在すること」の「現れ」へと引き戻されて「存在すること」を「構成」することはありえません。「存在すること」は決して存在者ではなく、志向性の対象ではないからです。要するに、「存在すること」は客観的に存在する「何か」として限定され、規定されることは決してないのです。そうすると、「存在すること」はどのようにして現れるのか。

少し複雑な話になりましたが、現象学的な方法論にはそういう可能性があることを、ハイデガーは示してみせたのです。現象学とは可能性なのです。

「顕現しないもの」はいかに現れるか

主観的な現れを客観的な対象に結び付ける意識の働きをフッサールは志向性と呼びますが、それは具体的には地平、つまりそこにおいて世界が現れる場として働きます。地平の中では、机が見えるとか、何らかの音が聞こえるというような、この世界のなかに存在しているもの（対象や存在者）しか現れません。ハイデガーの言う「顕現しないもの」、つまり「存在すること」は当然この地平には現れませんから、それを顕わにするためには、何らかの仕方でこの地平を出る、というよりもそこから「ずれる」必要があるわけです。

では、どうすればこの地平からずれることができるのか。それは、『存在と時間』の時期のハイデガーによれば、「存在すること」に「気分づけられる」ことでなされます。存在することは、私にある仕方で現れますが、決して対象のような客観的なものではありません。客観的な対象は「存在者（存在するもの）」の一つのあり方です。しかし、「存在（存在すること）」の現れと「存在者」の現れは、明らかに違います。ですから、すべてが存在者であるような地平からどうやって脱出できるかと言えば、存在（すること）の現れを実際に経験することでしかありません。先に見たように、現象学的に還元された経験とは、何らかの「私」に与えられるものでした。したがって、『存在と時間』のハイデガーは、現象学者として、「存在すること」

も「私」（ハイデガーはそれを「現存在」と呼びます）に現れると考えるのですが、それは「私の死」を通してだと考えます。「存在すること」は「存在するもの」ではない、ということは、それが志向性によって構成されない、つまり何らかの「存在するもの」の現れとして意味づけられないことを意味します。いかなる存在者でもない、つまり「何ものでもない」もの、それは「もの」ですらありません。それはさしあたり「無」としか言えないでしょう。そして、現象学的には「無」は客観的なものではなく、「私」にとってのみ、「私の死」として現れるのです。「死」は、存在者ではない以上、地平には決して入らないものです。それはむしろ「垂直に」現れるというべきです。しかし正確に言えば、『存在と時間』で「私の死」という、私に実際に体験された限りでの無から出発したハイデガー自身、存在することの垂直の現れに簡単に達したわけではなく、いわゆる中期の「存在論的差異」の思索を経て、最終的に「顕現しないものの現象学」に到達したのです。そしてそれは、ハイデガー自身がその言葉を使わなかったにしても、現象学的還元を徹底化させてゆく過程だったと言うことができます。

ハイデガーによれば、「存在すること」はさしあたり「私の死」を通して「私が存在すること」として現れますが、それは具体的には「何となく不安だ」という気分（情態性）として現れます。「私の死」は無の経験なので、無の現れとしての不安は何の不安でもなく、「何となく不安」なのです。「顕現しないもの（目立たないもの）」というのは、この「何となく不安」な気分として経験される「私が存在すること」を、「私が」という限定を解除してさらに「存在そのもの」

に向けて展開させたものです。絶対に存在者にはならない、「無」としか言えない存在の現れ、それが「私の死」ですが、その「無」を決して存在者にすることなく、どのように経験し、語ることができるのか。それを、「私」を含めた存在者による限定を排除して突き詰めていくと、「顕現しないもの」に行き着くのです。

少し整理しておきましょう。現象学的還元ということをハイデガーの方向で突き詰めていくと、地平的な対象や存在者の世界から脱却して、意識（志向性）の地平の手前へと遡っていきます。そこでは「存在すること」は、「私の死」から次第に「私」という存在者にもはや限定されることのない、端的に「存在することそのこと」としての「顕現しないもの」にまで深まってゆきます。そこで、まったく別の経験、私が「実在そのものの経験」とさしあたり呼んでいる経験が立ち上がってくる。この表現は非常に不器用なもので、誤解を受けやすいのですが、それで表現したいのは、それがハイデガーの言う「顕現しないもの」よりもさらに「顕現しない（目立たない）もの」であり、それが本当の「実在すること」だということです。

ジャン＝リュック・マリオンは、「顕現しないものの現象学」をハイデガーすらも超えて展開しているフランスの現象学者ですが、彼はこの、真に、あるいは徹底して「顕現しないもの」を「贈与」と呼んでいます。さきほどから言っているように、存在自体は存在しないのですが、ではどうするのかと言ったときに、最終的に存在は「与えられる」（"es gibt"，それが与える」）、とハイデガーも考えますが、マリオンはそのハイデガーの存在の贈与を顧慮した上で、「神」

が存在を与えると考えるのです。ただ、ここで言う「神」は、マリオンの言う「存在なき神」、「神であることなき神」（~~神~~）であり、存在より「上位」に、神という究極の存在者が想定されているわけではありません。それでは神は究極の存在者になってしまいますから。それは実体や存在者としてではなく、むしろ「与える」という「出来事」として考えられねばなりません。いずれにせよ、この文脈では「~~神~~」、つまり「与えること」こそが真に「顕現しない（目立たない）もの（出来事）」なのです。

　いずれにせよ、「存在すること」は素朴な現象学や存在論を成立させる地平的なるものによって隠蔽されている、と言えます。しかもそれは、それを回避しようとするハイデガーの思惟にも付き纏っている。ハイデガーはそれを、存在することとそのことに含まれる不可避的な仮象の発生として考えていましたが、私はこのような地平的なものの付き纏いをマリオンにならって「偶像化」もしくは「偶像崇拝」と呼んでいます。そこから見ると、存在することとそのことが一種の偶像、究極の偶像なのではないかと思われるのです。「実在そのもの」の現象学的探求はそこから始まります。

「現前しつつ：現前することとそのこと」としての実在

ハイデガーの「顕現しないもの」という言い方には、「目立たない」という意味も含まれています。現れはしますが、地平の上には現れず、「隠れつつ現れる」のです。「存在」が地平の上に現れるなら、それは一個の存在者となり、存在ではなくなります。それは仮象であり、偶像として存在を覆い隠します。そこでハイデガーは「顕現しないもの」を顕わにするために、古代ギリシアの哲学者パルメニデスの同語反復的な言葉、「存在は存在する」を手引きとします。

ところが「存在は存在する」と言ってしまうと、「存在」は「存在者」になってしまいます。そこでハイデガーは、これを「現前しつつ：現前することそのこと（Anwesend: Annwesen selbst）」という同語反復で言い直します。そこで、「現前する」ことにおいて存在は、存在者とは別の仕方で現れているわけですが、現れるためには、地平ではないにしても何らかの差異化が起きているはずです。そこで、「現前しつつ」と「現前すること」を分離しつつコロン（：）でつなぐ。それによって最小限二重化し、差異化するわけです。つまりハイデガーは、「現前」ということで、決して存在者にならない「存在」が自ずから現れている、ということを言いたかったわけです。

……「現前しつつ：現前することそのこと」ですか、イメージするのが少し難しいですね（笑）。

ここまで「地平」や「差異化」と言ってきたものは、何かあるものが何か「として」現れる仕組みです。これを「として構造」と呼びます。何かが知覚される時、それは机「として」見えたり、何らかの音楽「として」聞こえます。しかし「存在」は決して「として」によって意味付けられません。「存在」それ自体を「……として」理解して意味付けてしまったら、それはもう「存在」ではなく、「存在者」になってしまいますから。それでもハイデガーは「として」を使って、「存在」「存在としての存在」という同語反復で存在を表現しようとしますが、その「として」さえも避けた表現が「現前しつつ：現前することそのこと」なのです。「として」は「：」になります。このような「顕現しないもの」を、ハイデガーは初期の『存在と時間』から中期の「存在論的差異」の思索において、後から見れば不十分ですが、「無」と表現してきたのです。

……それは「名指せないもの」、あるいは「語り得ないもの」ということですね。

そうです、名指せるもの、語り得るものは存在者として、地平のなかで捉えられる事象です。そして、その意味での語り得ないものは様々に考えられます。しかし、ハイデガーの思索の文脈で「顕現しないもの」と表現された名指せないもの、語りえないものは、どうしたら経験でき、語れるのか。それは、存在＝現前としての「顕現しないもの」をさらに「一」にまで吊り上げることで、多様な現象として現れるのではないか。それが私の二つの著書（『現象学の転回——「顕現しないもの」に向けて』（知泉書館、二〇〇七年）、（『〈精神的〉東洋哲学——顕現しないものの現象学』（知泉書館、二〇一八年）における中心的なテーマだと言うこともできますが、それを私は井筒俊彦の言葉を借りて「実在そのものの自己顕現」と表現しました。先にも言いましたが、この表現は誤解を招きやすく、あくまでも現象学的に、純然たる現象として理解するべきものなのですが。「実在そのもの」は、「リアリティ」と言ったほうがまだいいかもしれません。著書では「顕現しないもの」、「実在そのもの」、「一」がどのように現れるのか、さまざまなその現れ方を、レヴィナスやアンリ、マリオンといったフランスのいわゆる「神学的」現象学者たち、そして同じくフランスの哲学者でイスラーム学者のアンリ・コルバンなどを参照しながら分析しています。

例えばレヴィナスにおいて、「顕現しないもの」とは「他者の顔」です。「他者」は存在もしないし意識もされない。ここまでお話ししてきた「存在」は意識から隠れていますが、そこからもさらに隠れていくものが、レヴィナスにとっての「他者」です。ところでレヴィナスはユダヤ人であり、タルムード（ユダヤ教の聖典解釈学）の研究でも知られるように、ユダヤ思想を背景とした独自の倫理学を展開しました。彼の言う「他者の顔」とは、ユダヤ教の「神の律法」に他なりません。それをレヴィナスは、ハイデガーの「存在」という「顕現しない」ものよりもさらに「顕現しない（目立たない）」ものと考えるのです。そしてそれは「顔」として現れる、と言う。この「顔」という現象は、存在と同じように、地平の「として構造」を媒介しないで神そのものが現れたものである点が極めて重要です。地平に先立つ、神のいわば垂直の現れは「として」を媒介しないため、「現れるもの（神）」とその「現れ」が完全に一致するのです。つまり、世界の対象や存在者がなお前提していた「差異化」が必要ない、あるいは妨げになるような、そういう現象なのです。それは、レヴィナスやデリダが使う表現では、神の「痕跡」と言うべきものです。

顕現しないものの現れとしての「一即多」

ユダヤ教では、神は十戒をはじめとする「律法」という形で現れます。現象学的に言えば、これはさきほどお話しした「自己媒介」であり、神そのものの「痕跡」としての現れです。この律法は神の言葉によって書かれますが、この言葉はさきほどのような意味での「語り得る／語り得ない」ということが問題になる地平的レベルでの言語とはまるで構造が違います。この特殊な言語観は、ユダヤ教の神秘主義カバラーにおいて、文字は神が形をとって現れたものだという考えにもとづいています。この考えによれば、最初の文字の発生において、神は「ר（ヨッド）」という一点に凝縮して現れます。そしてこの最初の文字がその内部から自己展開して他の二十一の文字を形成するのです。そしてそれら二十二の文字が組み合わさって聖典「トーラー」が出来上がります。こうして、律法が神の言葉だということの根拠が神秘主義的に説明されるわけです。

カバラーでは、この文字発生の出来事をいわゆる「天地創造」に先立って起こった「原初の創造」だと考えます。

カバラーが語るのは、「創世記」の冒頭に書かれている「無からの天地創造」以前に神の中で起こった出来事です。ですから創造された天地、私たちがその中にいる感性的世界（現象学的には地平的世界）は、その後の二次的な産物に過ぎず、問題にされません。この「י」という一点のなかに神の全生命が詰まっていて、それが二十二個のヘブライ文字となって自己展開します。これがカバラーの言語論です。ここでは「顕現しない」神自身が、二十二個の文字になって現れている。つまり「顕現しない」ということは「何も現れない」ことではなく、神の内部で、神そのものの現れとしてさまざまな形となって現れる、ということなのですね。法外な強度を持った多様性として炸裂して現れてくる。それはいろいろな形の現れであり得ますが、その一つが二十二個の文字なのだというわけです。

これは、私たちに馴染みのある仏教で言うと、空即是色、とりわけ華厳が教えるところの「一即多」という事態と同じです。「一」であることが即ち「多」であるということ。それを仏教では「即」という言葉でつなぎますが、私はこの「即」という言い方が「顕現しないもの」の現れのメカニズムを表すのに一番いいように思います。

カバラーで言えば「一（神そのもの）即二十二（のヘブライ文字）」であり、一そのものがそのまま二十二であり、かつまた二十二でなければ一にならない。そういう構図です。私の二つの著書では、やはりカバラーで神の象徴とされる「生命の樹」（セフィロート）にも触れています。これは「セフィラー」と呼ばれる十個の円と、それをつなぐ二十二個の小径（パス）で図式化されていますが、これも「一即十」であり、「顕現しないもの」としての神、すなわち実在そのものの自己媒介的な自己顕現と言えるでしょう。

つまり顕現しない「実在そのもの」は、そのような「即」の構造をもっている、ということですね。「二」のままで留まっていては、私たちには見ることも知ることもできない。といって、ハイデガーのように「現前しつつ：現前することそのこと」の同語反復では、多様な現象は出てきません。二つの著書を通して私は、現象学である以上、そこには「現前」に加えて何かもう一つの現象化の仕組みが必要だろうと言いたかったわけです。「顕現しないもの」である「二」は、一であると同時に、あるいは一であることにおいて「多」として現れなければいけない。この、さきほど「即」という言葉で表したことが一番根源的な出来事である、というのが私の考えです。

これは、「一即多」や「色即是空・空即是色」という仏教の考え方を知る日本人には分かりやすいかもしれません。カバラーの文字論でもセフィロートでも、同じことが起こっている。これらの神秘主義的な伝統において、「二」や「実在そのもの」などと名指される「顕現しないもの」にまで上昇していく――これを現象学的に言えば、そこまで還元を吊り上げていくということになるわけですが、そこで一気に「実在そのもの」へと転回し、それが独自の多様な現象へと自己展開してゆく。それが「多」であり、カバラーの二十二の文字や十個のセフィラー、さらには私たちもよく知るマンダラとして現れる。この、差異化に代わる「一即多」という現象化の仕組み、これが私が考えている「顕現しないもの」の現象構造であるわけです。

一即多の現れとしての「中間界」

……先生は、さまざまなかたちで「多」が展開する領域を、「中間界」と呼んでおられますね。

ええ、それを説明する時に、私はよく、言語学者でありイスラーム学者、東洋思想研究者であった井筒俊彦が、著書『意識と本質――精神的東洋を索めて』（岩波書店 一九八三年）で用いた「意識＝存在の深層構造」を示す図を、上下逆転させて使わせてもらっています。

この図の一番下が「地平的世界」です。一番上にある円が、これまで「一」や「神」、「生命」など、いろいろな呼び方をしてきた「顕現しないもの」です。そのあいだにある地色が敷かれたところが「顕現しないものの現れ」であり、私がコルバンにならって「中間界」と呼んで著書で主に扱っているところです。今、「一」である円と「多」である中間界は便宜上分けて書かれていますが、この関係はこれまでお話ししたように「一即多」であり、「中間界」では「一」が多様な「多」として自己展開している様が描かれています。つまり、本来はこの頂点と中間界は一即多として一つになって、「顕現しないもの」を形成しているわけです。

この「中間界」は、西洋哲学の主流では近代のデカルト的二元論の発明以来現代にいたるまで、ずっと忘れられてきた「第三の領域」です。近代西洋哲学は、一番下の感性的、あるいは地平的世界と一番上の「神＝一者」の叡智界の二つだけで考えてきました。ハイデガーも、存在と存在者の間には何もないと考える点では、この「第三の領域」を忘却しています。多様な現象（存在者）からなる世界の地平以外には「顕現しないもの」の「現前」（存在すること）しかないと考えてしまったので、「現前」を同語反復で語るしかなかった。そうすると、多様な現れは、すべて一番下の地平的な世界に属する存在者の現れに限定されてしまいます。

ところが「存在」と「存在者」との間、「顕現しないもの」と「地平世界」との間には、ハイデガーが見損なっていた別の「多様性の世界」がある。あるいは、ハイデガー的な「現前」は、単に同語反復

図　一即多として現れる中間界

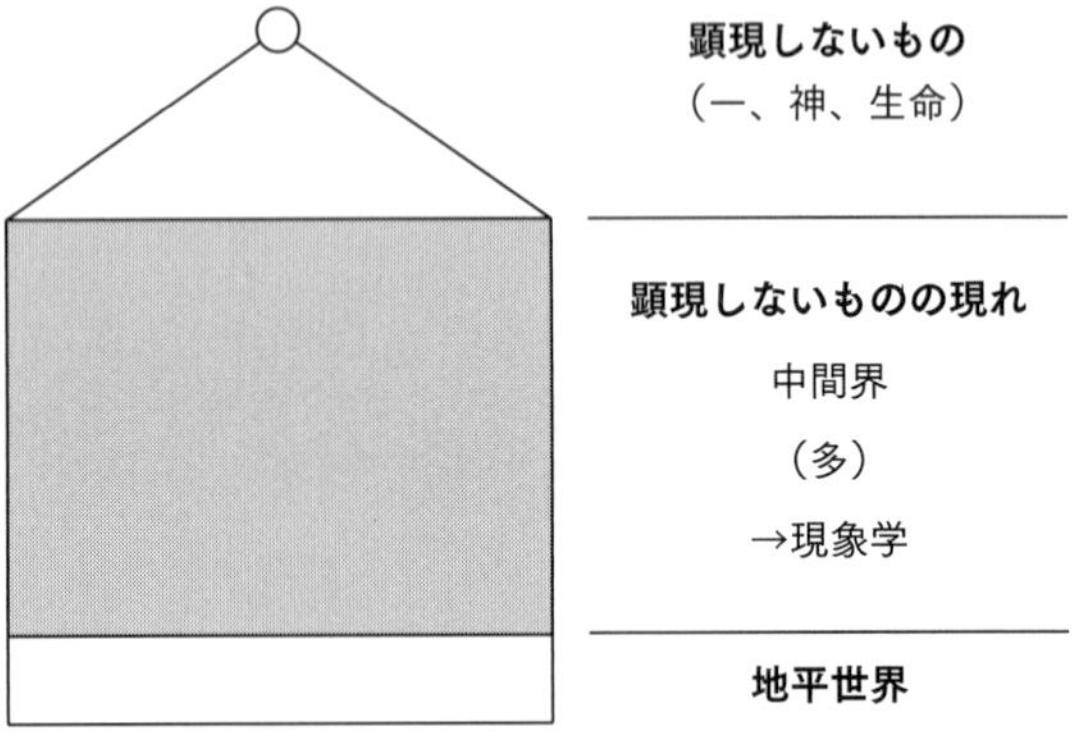

するだけではなく、その反復にはある想像力、コルバンの言う「創造的想像力」が介入している。その想像力が想像（創造）する世界が、「中間界」なのです。なぜ、近代以降の西洋の多くの哲学者たちや、ハイデガーにすら中間界が見えなかったのかというと、啓蒙思想によって想像力が単なる空想に貶められたからです。そのために、「一即多」の「即」、これが創造的想像力の働きであるわけですが、それが見損なわれたのです。「一は多である」、「一は同時に多である」、「一はそのまま多である」などとさまざまに言い換えてみても、想像力を欠いた理性にはパラドクスでしかありません。ですからコルバンは、この中間界を表現するのに、イランの神智学者スフラワルディーの「アーラム・アル・ミサール」という概念を "mundus imaginalis"（想像界）というラテン語に訳し、それをさらに "imaginal"（イマジナル）という言葉を造語してフランス語に訳すしかなかったのです。井筒はこれを「形像的相似の世界」と訳していますが、それはいかなる実体性もない純粋な映像だけの世界です。現象学的に言えば、それこそが「顕現しないもの」の「一即多」の現れの世界です。私が最初に話を始めた「現象学的還元」を深め、あるいは上方に吊り上げていくと、その果てに、この、知覚世界も存在も超えた中間界が現れてくるのです。

このように、コルバンは、イスラームの神智学に依拠して「創造的想像力」の現象学を構想しました。これはコルバン自身がそこまで言っているのではなく、私が自分の「顕現しないものの現象学」の中に彼の議論を取り込んで再構成し、新たな現象学として構築しているのですが、それはフッサールやメルロ＝ポンティが主に主題とした知覚の世界ではなく、いわばそれを上方に超えた創造的想像力の世界をもっぱら扱うものです。そうして、地平世界には決して入らない中間界の現象において、「実在そのものの自己顕現」にまで現象学で迫ることができる。そのように考えています。

近代から現代の多くの西洋哲学では、私たちが住む感性的・地平世界と神や一者などと呼ばれるもののあいだには何もないか、あったとしても単なる空想的世界、あるいは怪しげな神秘的世界、もしくは宗教的な境地のようなものとしてしか捉えられていませんでした。想像やイメージと言うと、どうしても非実在的なものと考えてしまう。あるいはカントのように、想像力をせいぜい悟性と感性を媒介して認識を構成する自我の能力の一つと考えてしまう。それでは、「実在そのものの自己顕現」を中間界の現象として生み出す創造的想像力は覆い隠されてしまいます。

しかし、ユダヤ教やイスラームの神秘主義、密教や老荘思想など、コルバンや井筒が言う意味での「東洋」には、そうしたイマジナルの現象が満ち満ちています。ですから、ここをもう一度現象学的に評価しないといけない、というのが私の考える「顕現しないものの現象学」なのです。

多様な現象として「実在そのもの」が現れる

……先生の言われる「顕現しないものの現れ」というのは、現代哲学のなかでジル・ドゥルーズなどが言う「隠されたもの」、あるいは「潜在しているもの」と同じでしょうか。

まさにそうです。ドゥルーズの言う「潜在性」は中間界の元型的な潜在性に一致すると思います。いずれにおいても、あるものの意味が地平世界の中で一義的に規定されると、それによって排除されたそれ以外の意味は元型的な中間界に隠れていきます。しかし一義化（字義化）されたものはすぐさまこの潜在性へと引き戻され、そこから再び新たな経験が創造的に展開されていく。これは後で見るデリダの脱構築にも、レヴィナスの他者を経験することとしての「言うこと」にも共通している経験です。あるいは元型的潜在性は、全く別の文脈ですが、C・G・ユングの「元型」にも見られます。ユングを批判的に継承したアメリカの心理学者ジェイムズ・ヒルマンなどは、これら二つの流れを統合した形で潜在性の心理学を展開しています。

具体例を見てみましょう。カバラーの二十二の文字を組み合わせたテクストは、中間界の元型的潜在性の一つです。例えば、「創世記」の冒頭に「はじめに神は天地を創造した」と書かれていますが、私たちはそれを理解することができます。普通は、それを一義的に理解することがテクストを読む、ということです。しかしカバラーにおいては、「はじめに神は天地を創造した」という文は（この文だけでなく、文字で書かれたあらゆるものが）無限の多義的な意味の深みをもっています。というのも、さきほど言ったように、文は全て、神が二十二の文字に凝縮されて現れたものを組み合わせてできたものなのですから、それらは無限の意味を潜在させているわけです。

これらの神の二十二文字は、それらの組み合わせを通して神が意味として現れる神の象徴ですが、それが一段階下のわれわれの世界に対してはその「元型」となり、地平の中で一義的に規定されて「はじめに神は天地を創造した」のように理解される。けれどもこの文を構成する文字はすべて神の象徴なのですから、それは無限の潜在性を含み、解釈は無限に可能なのです。いったん理解された「はじめに神は天地を創造した」という文も、文字を入れ替えて別の組み合わせにすれば、同じ文字からなっているのに全く意味を変えます。このように、同じ文字に全く違う意味を担わせるためのテクニックがカバラーにはいくつもあるのです。

ですからカバラーは、神の象徴としての文字に含まれる無限の潜在性を絶えず新たに取り出す解釈学だと言えるでしょう。これを現象学に応用すると、さきほどお話ししたレヴィナスの「顔」の現象学につながっていきます。レヴィナスの「顔」は、まさに実在そのもの（レヴィナスでは「他者」と言われます）の自己顕現（「自己意味」と言われます）ですから、地平世界の経験ではありません。レヴィナスでは、「汝殺すなかれ」（「十戒」の第六戒）という律法の言葉が現象学的に「顔」として現れますが、この倫理的な言葉ももちろん地平のなかで「理解」することはできません。それは「理解」されるのではなく、他者（神）の方から一方的に「命令」してくる自己意味作用なのです。「汝殺すなかれ」という文を地平の中で意味として理解してしまうと、それは命題であって命令ではありません。命題は理解されるものであって、万人が共通して理解できます。これに対して、同じ文が他者（神）の命令として受け取られるなら、それはこの私、他に代わられることの決してできないただ一人の私にのみ関わってきます。このように、「汝殺すなかれ」は直接経験されなければならないのです。そうして初めて、この文は単に地平的に意味するだけの、つまり理解されるための命題ではなく、地平を突き破って命令してくる強制力をもってくるのです。

　レヴィナスは、元来はユダヤ教に特有なこの命令を、ユダヤ教という特殊性から解き放って普遍化するべく、現象学的な現象として「顔」と表現しました。それはわれわれに直接与えられる現象として、現象学的な意味での「事象そのもの」なのです。

　その直接的な与えられ方、その法外な強度を表現するのに、レヴィナスは「裸形《らぎょう》」といううまい言い方をしています。それは具体的には他者の顔と直《じか》に対面することです。そうすると、裸形の顔は、それの外部、つまり地平によって媒介されることなしに、それだけで現れます。私は「裸形の顔」に面と向かうのです。ちょっとでも横から見てはいけない。そうすると「顔」はイメージになってしまう。まっすぐに顔と顔を合わせる。そうすることで、顔を地平的な意味として理解してしまう文脈を断ち切ることができる。このように、他者の顔に対面することで、何にも守られることなく傷つきやすい、また隠されることのない裸の顔が私にいわば襲いかかってくるのです。これがレヴィナスの言う、現象学的な倫理の経験なのですが、その背後には、「トーラー」に書かれた、モーゼが神と「顔と顔を合わせて」出会ったという神秘的な体験があることも忘れてはならないでしょう。

そしてこの顔の現象学は、神そのものの現れを記述するものとして、「顕現しないもの」の現象学の一つの形態です。「他者の顔」は、フッサールの地平に限定された「事象そのもの」を超えた、「実在そのものの自己顕現」としての「そのもの」なのです。

現れつつ隠れるものとしての実在

これまでの話でもう一つ重要なこととして、「隠れ」ということがあります。現象学的には「現れる」ことは即、「隠れる」ことでもあるからです。しかし、実際にフッサールから「顕現しないものの現象学」まで、「隠れ」は「現れ」とともに、場合によってはそれ以上に、現象学の主題だとも言えるのです。というより、両者は結局同じ事態の二つの面に過ぎないのですが。

神の二十二文字は、意味が一義的に理解されると、その他の解釈の可能性は潜在性として文字の奥、もしくは深みに隠れていきます。「顔」に直面して、圧倒的な「命令」としてそれを経験した時も、同時にそこには無限の意味が隠れていて、神そのものも隠れている。レヴィナスでは、この隠れが「エロス」として経験されます。後にもう少し詳しく説明しますが、愛する恋人が隠れていく経験ですね。愛は恋人を所有してしまえば冷めてしまいますから、恋人は常に隠れ続けなければなりません。ですから「実在そのものの自己顕現」という自己媒介的な現れもまた、自ずから、それだけで現れつつ、それとまさに同じ出来事として徹底して隠れることによって自己媒介しているわけで、要するに「現れ即隠れ」なのです。難しい言い方ですが、ある現象が自己媒介して、つまりいかなる地平的な媒介も経ることなしに、「それだけで」現れているということは、それが徹底的に隠れることによって可能なのです。もう少し説明しましょう。

一見すると、ここには「現れ」と「隠れ」という差異化が起きています。この差異化は、先に見たフッサールの地平現象では、今ここから見える面の側面や背後には、今ここからは見えない膨大な面がいわば付着し、共に与えられているという、「図と地」の現象に他なりません。これが地平的な現れ／隠れです。この場合の隠れの特徴は、私が、時間が変化してゆく中で空間の中を移動すれば、それまで見えなかった面が見えるようになる、ということです。今ここの視点からは見えない机の背面は、次の瞬間にその背後に回れば見えるようになり、今ここから見えている面は見えなくなります。これが地平的な経験、つまり志向性を通した経験の本質的な構造ですが、これでは真の「事象そのもの」には決して届きません。いわばその表面を上滑りしてゆくだけです。

このフッサールの例は対象の現れですが、ハイデガーでは机のような存在者ではなく、存在が問題ですから、同じ現象学でも「隠れ」の意味が変わってきます。先にお話ししたように、ハイデガーの存在自体が存在者から隠れることによってしか差し当たり経験されませんから、「隠れ」はハイデガーに至って現象学の根本問題となります。われわれはどのようにして隠れを、しかも対象の地平的で相対的な隠れではなく、真の、絶対的な隠れを経験できるのか。それをハイデガーは「私の死」とか「存在論的差異」などとして語ったのですが、それでも十分ではありませんでした。これらの現象構造では、現れと隠れとの間に差異が生じてしまうからです。それは「現れ即隠れ」にはなりません。しかし本来、真の「存在すること」に至ろうとすれば、極限までこの差異をなくしてゆく、つまり還元してゆくしかありません。その還元が、ハイデガーの「現前しつつ：現前することそのこと」と表現されるしかない、「顕現しないものの現象学」に至ったのです。

他方で、私がレヴィナスやコルバンを参照して考えている「顕現しないもの」は、そのような「存在すること＝現前すること」の同語反復的差異すらも超えた、というよりもその手前で起こるまさに「目立たない＝顕現しない」、密かな出来事です。そこでは「現れ」は完全に「隠れ」と一致します。つまり、まさに「現れ即隠れ」なのです。

レヴィナスの場合は、この「隠れ」が「エロスの現象学」で見事に記述されています。ここもきわめて重要なのですが、ユダヤ教の解釈学の伝統では、律法のテクストは女性、恋人に喩えられるのです。聖典を解釈すること、それを通して神を経験することが、恋人の女性を愛撫することに喩えられている。それは一つの恋愛神秘主義です。ですから神の現れとしてのテクストを読むことは、神を恋人に見立て、神を愛撫することでもあります。それは、『旧約聖書』（これはキリスト教の呼び方で、ユダヤ教では正しくは『タナハ』と呼びます）の「雅歌」の中で謳われています。愛撫によって生まれる「子ども」が、テクストの「新しい意味」にあたります。テクストからまったく新しい意味を読み出して解釈することが、恋人同士のエロスの関係によって子どもができることに譬えられているわけですね。ただ、正確に言うとこれは単なる「比喩」ではなく、ユダヤ教ではこれら二つの経験は全く同じことなのですが。

……子どもという「新しい生命」が生まれると、それまでの現象学的な見方は、一気に変わりますね。

ええ、一気に変わります。そもそも「顕現しないものの現象学」は、フッサール以来の伝統的な現象学を最初から踏み越えてしまっていますから、私たちが見たり聞いたりする時の「志向性」も突き破って、「実在そのもの」の方から現れてくるわけです。この時点で、経験は「志向性」よりももっと深いところへ行ってしまっている。

子どもが誕生する、これまでになかった全く新しいものが出現するという未曾有の出来事は、西洋哲学の論理では捉えられない生命の出来事です。それは概念で思考されたり、志向性を通して理解されたりすることが絶対にありえない出来事です。それはつまり「実在そのものの自己顕現」の一つの形態なのです。こうして「顕現しないものの現象学」は、西洋哲学の論理の枠組みを踏み越えていきます。そこに思惟の新たな可能性があります。先にも言いましたが、現象学とは可能性なのです。それは常に新たな現象を発見してゆかねばなりません。

この新たな可能性を探求するものとして、私は第二の著書で「〈精神的〉東洋哲学」と言っているのです。ここで言う「東洋」とは——この言い方も誤解を招きやすいのですが——、必ずしも地理的な意味ではなく、「顕現しないもの」が現れる場所としての中間界を意味しています。これはコルバンと井筒俊彦から示唆を受けているのですが、コルバンは「東洋」と「西洋」という対概念を通常の意味からずらして、超歴史的で非地理的な、哲学的な意味で使っています。これは元来、神を太陽になぞらえるイランのゾロアスター教に基礎をおくスフラワルディーの「照明学派」の概念なのですが、そこでは「東洋」とは太陽が昇る方向、つまり神＝「実在そのもの」の光の領域を指しており、それに対して「西洋」は太陽が沈む闇の方向、つまり感性的世界、現象学的には地平的世界を指しています。井筒はおそらくこれを意識して、様々な東洋哲学の伝統から普遍的なものとして取り出された構造を「精神的東洋哲学」と言うのです。私の場合、これら二人の構想を現象学に取り込んで、新たな「顕現しないものの現象学」として考えているわけです。そこではじめて、従来の現象学や西洋哲学に見えなかった根源的なイメージの世界が見えてくる。

「実在そのもの」と共に動くこととしての「顕現しないものの現象学」

……レヴィナスの「顔」に対峙することもそうですが、ユダヤ教の神に対峙することも、非常に「怖い」経験だと思います。恐怖そのものであり、恐怖そのものとして体験する、というような……。

そうです。それはまさに、宗教学者ルドルフ・オットーが言う「ヌミノーゼ」の経験ですね。あまりの恐ろしさに身の毛がよだつ、震え上がるような経験。これは宗教、少なくとも一神教には欠かすことのできない要素ですが、西洋哲学はこの、理性を絶対的に超えた次元を避けてきました。神学も同様です。いずれも概念を媒介することで、理性を破壊するほどの強度を持ったこの体験を合理化し、避けてきたわけです。しかし、概念化されない直接経験、つまり事象そのものに即する現象学では、この経験がまさに「ヌミノーゼ」として経験され、記述されなければならないはずです。ところがフッサールの現象学は、事象そのものに即すると言いつつも、経験に志向性（地平）を媒介させることで、伝統的哲学や神学と同じ結果に陥りました。真に「事象そのもの」に密着しようとする「顕現しないものの現象学」、ここではレヴィナスは、他者＝神の「裸形の」現れである「顔」を、その生々しさそのままに記述しようとしたのでした。

カントの言う「定言命法」は、「あなたの意志の格律が常に同時に普遍的な律法の原理として妥当しうるように行為せよ」と定式化されますが、理性的な自我というものを前提として、自分で自分を律するということにしてしまったら、倫理的なものはもう直接経験されることはなくなってしまいます。また、概念も倫理的なものそのもの、つまり他者の法外な現れを受け止め可能なものに変容させ、その他者性そのものを隠蔽してしまいます。概念は、マリオンも言うように、哲学における偶像崇拝なのです。

ただ、レヴィナスがそうしたように、現象学を使えば、その恐ろしい体験のギリギリまでは記述できる。西洋哲学のなかで、現象学だけがその最先端に行ける可能性をもっている。とはいえ現象学にもやはり限界があって、概念ではない「顔」という記述を使っても、ある程度経験できるような気がするけれども、やっぱり「そのもの」は経験できない。

レヴィナスは、後期の作品『存在するとは別の仕方で、あるいは存在することの彼方へ』（一九七四年）では工夫して、この体験を現象学的に記述しようとしています。それは自ら還元を遂行しながら書かれた驚くべきテクストですが、これを読むことで、他者そのものに向かう動きのなかに読者もある程度入っていくことができるように書かれています。彼は、自身が「他者そのもの」の「身代わり」になる、その動きそのものを何とか書こうとしているのですが、その文体は凄まじいものです。レヴィナスは自らが語る他者経験を「狂気」だとさえ言っているのです。それでも読者は、このテクストを読むことでレヴィナスの極限の体験をある程度追体験できる。これこそが「語り得ないもの」を語る一つの優れた例だと思います。

……今回、タイトルにさせていただいた先生の言葉、「動きのなかに入り、共に動くこと」とは、まさにそういうことですね。

ええ。でも、レヴィナスも直接経験を現象学として、哲学的に記述していますから、やはり薄まってはいますが。お話ししたようにカバラーでは、文字は神そのものの現れですから、その文字で書かれたテクストを解釈することは、神そのものにその痕跡を通して触れることです。一見逆説的ですが、神の間接的な現れではなく、痕跡を通して神そのものに触れることです。イメージ的に言うと、神は生命ですから、文字はそれぞれがその無限の生命エネルギーを凝縮させて含蓄している。それに触れると、つまりそれを解釈すると、エネルギーを抑えている膜（つまりイメージとして見える文字の形）が弾けて、爆発するくらいのエネルギーに満ちている。じつは、その文字は生命として常に動いていて、私たちにそれが静止して見えるのは、仮初に動きを止めて形を取っているに過ぎない。だからそれに触れて生命を爆発させること、つまりそれを解釈してそこから新たな意味を発見することは、私たち自身が生命そのものを経験することなのです。カバラーの解釈学はそういう生命経験なのですが、これは哲学ではベルクソンの生命論と同じ経験です。ベルクソンもユダヤ人で、世間で言われているのとは違う意味で、生命のユダヤ的経験を西洋哲学の枠の中でできる限り語った人ですが、とりわけ「創造的進化」のキーワード「生命の跳躍（エラン・ヴィタール）」は、カバラー解釈学と同じ経験を語っているといっていいでしょう。それは生命が、そのあまりの充溢を抑えきれずに爆発し、いかなる予料も超えて無方向に飛び散っていく出来事です。それはカバラーやエロス的体験と同じく、全く新たなものの創造なのです。

ここで「動き」と言っているのは、このように生命が常に非連続に跳躍しながら新しくなっていくことです。これは先に出てきた、ドゥルーズの生命の内在哲学にもつながっていきます。それはアリストテレス以来西洋哲学が考えるような、何か止まったものがあって、それが位置を変えるという意味での動きではありません。そうではなく、停止から出発して、あるいは過去からの類推では決して捉えられない、全く新たなものの出現がここで言う「動き」です。ベルクソンのエランと同じく、レヴィナスのいう「子どもを生む」こともそのような断続を介した「動き」の一つです。その意味で、ユダヤ教とは、少なくとも神そのものを経験するカバラーでは生命論であり、創造的に新しいものを生むことなのです。

ユダヤ教は「律法の宗教」と言われますが、それは表面的な見方で、その本質を見誤っています。一番基本にあるのは生命であり、創造です。先に言ったように、カバラー的に見れば、律法の意味は無限の意味を含蓄する文字の一つの組み合わせによって生まれる、ごく表面的な意味に過ぎません。文や語を、それを構成している文字にばらばらに分解してしまえば、その律法の意味は消え去ります。意味を脱意味化するわけです。そして同じ文字を、組み合わせを変えて結びつけ、全く新たな文を作る。そしてそこからまた新たな意味を引き出す。そしてその文字は何度も言うように、神の生命がつまった断片です。したがって、神秘主義ではなく、ユダヤ教の顕教が聖典トーラーの読解とタルムードで行っている律法テクストの解釈は、実は、神秘主義カバラーから見れば神の生命の経験なのです。これが、一見「律法の倫理的宗教」と思われている──実際、表面的にはそうではあるのですが──ユダヤ教が、実は生命そのものの「動き」の経験だという理由です。これはユダヤ教のフロイト的な解釈のように見えますが、実はその逆で、フロイトの精神分析の深い、隠れた──フロイト自身にも自覚されていない、無意識の──動機が、このように、倫理的なユダヤ教の生命論的＝エロス的起源を暴くことにあったということなのです。

また、このようなカバラー的テクスト読解は、同じくユダヤ人であるデリダが「脱構築」として実践してきたものでもあります。デリダは晩年に、自らの「ユダヤ性」──といってもそれは決して人種的な意味ではなく、哲学的な意味なのですが──を強調するようになりましたが、それ以前に井筒俊彦だけが、デリダのこの「ユダヤ性」を鋭く指摘し、それを「精神的東洋」の一つの形態として見抜いていました。ここではこの議論に深入りしませんが、いずれにせよデリダの脱構築がテクストを文字単位にまで解体（脱構築）し、そこから全く新たな意味を引き出す作業である点で、カバラー解釈学と全く同じ手続きだということです。そしてそれはまさに、テクストを媒介として全く新たなものへの「動き」を経験することにその本質があります。同じテクストから新たな意味を引き出すことそのことが目指されているのではなく、その読み替え、新たな意味の発見による動きを経験することこそが重要なのです。この点で、レヴィナスの「言い換え」もデリダの「脱構築」も、さらにはテクストを介さないベルクソンの「エラン・ヴィタール」も、まさに「動きの経験」だと言うことができるでしょう。カバラーの言う「共に動く」とはそういうことで、そこから新しい意味を生み出すことは、それを読む自己自身が新しくなることです。意識の抑圧から生命を解き放つことで、自分が創造的に、全く新たに変わっていく。これは自己がその自己同一性を破壊して新しくなっていく経験として、自己同一性を前提とする西洋哲学にはない考え方です。そして重要なことは、このような創造的な「動き」の経験が、「〈精神的〉東洋」の経験であり、そしてそれが「顕現しないものの現象学」の一つの形だということです。

動きのなかに入り、共に動くことで生まれる創造

……その神と「共に動く」経験は、自発的というよりは、一つの「命令」として与えられているというお話でしたが、これは、誰からの「命令」なのでしょうか。

命令するのは「他者」即ち神です。神が「汝殺すなかれ」と命令する。さしあたり、それに絶対的に従うことが神と動くということだと言えます。それは、先に出した「顔」の例で言うと、顔から目を逸らさずに対面し続けることです。これだけだと「共に動く」というニュアンスが分かりにくいですが、この経験がもともと律法の言葉の経験だったことを思い出してください。他者に従い続けるとは、律法の言葉、テクストを解釈し続けること、それも先に説明したように、単なる解釈ではなく、テクストの隠れた意味を常に新たに解読することなのです。それが哲学の内部、というより境界線上で、デリダの脱構築やレヴィナスのエロス的愛撫の経験という形で実践されます。この神の痕跡としてのテクストの意味を解釈し続けることは、いわば神＝恋人を愛撫することで神の中に入っていくことに他なりません。ただし、神の「中に入る」と言っても、そこで自己と恋人の神が一体化することはなく（一体化すると恋愛は成り立ちません）、常に痕跡としての文字テクスト＝恋人の顔に媒介されているのですが。そうし

てその痕跡を絶えず新たに解釈することが「共に動く」ことです。ですから、レヴィナスの他者＝神経験は現象学的な経験であるとともに解釈学的な経験なのです。ただしここで言っている解釈学は新約聖書の解釈学や哲学的解釈学ではなく、ユダヤの解釈学、ミドラシュです。これは現代では解釈学というより脱構築と言ったほうがいいのですが。

このような終わりなきテクスト読解の動機は、「汝殺すなかれ」という倫理的命令よりも、カバラーから見るなら、むしろその倫理的次元の根底にある生命の「常に新しくなれ」あるいは「子を生め」という命令と考えたほうがいいでしょう。レヴィナスの顔の倫理的な命令の背後にもエロス的な経験、つまり愛撫と子の産出の次元が控えていました。これは倫理の根底にある生命の経験であり、それは常に新たなものを生み出すことでした。私はテクストをカバラー的に解釈することで全く新たな意味を発見し、それによって自己を新たなものにします。それは私の中から新たに他者である子を生むことと同義なのです。いずれも生命経験、いわば生命の「常に新たになれ」という命令に従う経験です。

倫理的な他者経験に戻りましょう。レヴィナスでは、「命令」するのは「他者」、つまり神でしたが、それは「存在」と同じで、まったく限定できないものです。そして「命令」されているのも、いわゆる自我としての「私」ではありません。いわゆる『旧約聖書』（正確には『タナハ』）の「出エジプト記」で神に名前を呼ばれたモーゼが、「ヒネーニ（はい、ここにいます）」と答える時、答えたのは「私」という主格ではなく、呼びかけられた対格としての「私」です。

「私」という主格が最初からいて誰かの声を聞くのではなく、最初に神の呼びかけ、あるいは命令があって、それに応えることで初めて「私」が成立するのです。そしてそれはまた真にリアルな私に「覚醒」することでもあります。普通の主格としての「自己」が、神＝他者に呼びかけられ、命令されて初めて本来の受動的な「自己」に覚醒するのです。

……それは意識的に、というより、非常にオートマティカル（自動的）に覚醒する、ということに近いように思われます。

そうですね、「自我」が行為しているのではない、という意味で、それは自動性に近い。とはいえやはりそこには自我よりも強烈な「自己」があって、レヴィナスはそれを「対格の受動的自己」と呼んでいます。この「受動性」ということが問題で、フッサールの受動的志向性から、レヴィナスの言う、他者から呼びかけられたり命令されたりして覚醒する「自己」まで、さまざまな「受動性」があります。レヴィナスは彼の言う受動性を苦し紛れに「受動性より受動的な受動性」などと言っています。あえて現象学の言葉で語ろうとすると、やっぱりそんな苦しまぎれな、変な言葉になってしまうのですね。

しかし経験の質としては、本当に、今、新たに「覚醒」するというような経験です。もう否応なくそこに巻き込まれていくような……。

この経験がユダヤ教では先に言ったように聖典解釈学として行われますが、カバラーの解釈学はまさに自動性です。それを現象学のギリギリの言葉であえて表現するとしたら、「媒体になる」、と言えるかもしれません。神の痕跡を通して、神の媒体になって神を経験する。つまり神の痕跡のテクストを新たに解釈する。さきほどのコルバンの「創造的想像力」も、一般的な想像力とは違って、それは神の想像力であるわけです。神が私の想像力を通して、それを媒体として自己自身を振り返って像化《ぞうか》、あるいはイメージする。それが創造的想像力であり、「実在そのもの」をその内側から映すことなのですね。

……その時のイメージは、ふだん私たちが使っているよりも、もっと深くて広い意味をもっているように思われます。

ええ、コルバンの言う「イマジナル」ですね。それは、一般的に言われる人間の知覚するイメージと違って、神の現れとしての「実在そのものの自己顕現」としてのイメージですよね。これはイメージであることが重要で、決して概念ではありません。概念だと、神は偶像化されてしまう。そしてそれは、フッサールやメルロ＝ポンティの言うような感性的知覚でもありません。概念、感性、知覚は、デカルトに始まる近代哲学を支配する思惟と存在の分離をはらんでいます。創造的想像力が作り出す「イマジナル」はこの二元論の分離をつなぐものなのです。

イスラーム神秘主義のスーフィズムでは、この創造的想像力の働きを、「神のなかに入って、神の器官になる」と表現します。人間が主観性や自我で動くのではなく、神の想像力が人間を通して動く。それが、「魂」と訳される「ヒンマ」の働きであり、それを通して神と人間が神の内在において協働する、「共に動く」ということです。つまり、神の中に入って私が想像することは、結局神が自分で自分を見ていることだ、と。コルバンの「ヒンマの現象学」は、ここまで「実在そのもの」に迫ることができる。私はそこに現象学の一つの可能性があるのだと考えています。

（二〇二三年一二月二六日）

あとがき

本書はもともと、末木文美士氏を所長とする「未来哲学研究所」の機関誌『未来哲学』を刊行されているぷねうま舎の中川和夫氏の発案で、「顕現しないものの現象学」を一般にわかりやすく、「語り」で論じることを意図したものである。試行錯誤を経て、結局ほぼ論文調になってしまったが、後期ハイデガーから展開したこのフランス現象学の新たな運動の核心を独自の視点から摑み出し、そこから新たな可能性を開くことを目指した。

フランスにおいてこの運動を主導したのはジャン゠リュック・マリオンだが、それとほぼ同時に、日本では新田義弘が別の文脈で「顕現しないものの現象学」に注目し、フッサール、ハイデガーから後期フィヒテの像理論に依拠しつつ独創的な議論を展開していた。「顕現しないものの現象学」は当時の現象学の共通する「問い」だったのである。本書では、アンリ、レヴィナス、コルバンおよび新田の四人の現象学者を直接的な主題としているが、根本にはマリオンと新田の議論がある。

アンリが言っていたように、「顕現しないものの現象学」の膨大な領野はなおほとんど未到のまま残されており、未来の哲学に開かれている。本書では第一章の最後で「マンダラの現象学」としてその一つの可能性を提起したが、従来の現象学にはその地平的な方向性ゆえに気づかれず、忘却されているこの「実在そのもの」の次元を、さまざまな現象として発見することが今後の現象学に課せられた一つの使命であろう。

本書の第一章、終章はそれぞれ次の論文を書き改めたものである。

第一章「未来の現象学」、『哲学の未来／未知の哲学』（『未来哲学』別冊）ぷねうま舎、二〇二四年

終　章「新田哲学の問い——顕現しないものの現象学」、河本英夫編著『現象学 未来からの光芒——新田義弘教授追悼論文集』学芸みらい社、二〇二一年

また、「付論——動きのなかに入り、共に動くこと」は、もともと『談』一二九号（アルシーヴ社／TASC／水曜社、二〇二四年）に収められたインタビューだが、本書全体の概略を比較的わかりやすく語ったものなので、ここに再録することとした。

本書が成るにあたり、ぷねうま舎の中川和夫氏に加えて、小野純一、武内大両氏の協力を得た。合わせて感謝申し上げる。

令和七年二月

永井　晋

永井　晋

1960年生まれ．東洋大学文学部哲学科教授．博士（文学）．専門は，哲学・現象学．早稲田大学第一文学部卒業．同大学院修士課程修了．パリ第１大学，第10大学，第４大学にて現象学を，サントル・アレフ（パリ）にてユダヤ思想を学ぶ．著書に『現象学の転回——「顕現しないもの」に向けて』（知泉書館，2007年），『〈精神的〉東洋哲学——顕現しないものの現象学』（知泉書館，2018年），*Textes clé de philosophie japonaise-Le néant, le monde et le corps*（共編著，Vrin, 2013），共訳書にジャン=リュック・マリオン『存在なき神』（法政大学出版局、2010年），　論文に「〈東洋哲学〉とは何か——西田幾多郎と井筒俊彦の『東洋』の概念」（2015年），「形而上学としての比較哲学——『肯定現象学』試論」（2016年）などがある．

顕現しないものの現象学
生命・文字・想像界

2025年４月25日　第１刷発行

著　者　永井《ながい》　晋《しん》

発行者　中川和夫

発行所　株式会社 ぷねうま舎
〒162-0805　東京都新宿区矢来町122　第二矢来ビル3F
電話 03-5228-5842　　ファックス 03-5228-5843
https://www.pneumasha.com

印刷・製本　そうめいコミュニケーションプリンティング

ISBN 978-4-910154-61-9　　Printed in Japan